戴传心意拳秘谱解读

（增订版）

戴魁 传授　程庆余 著

人民体育出版社

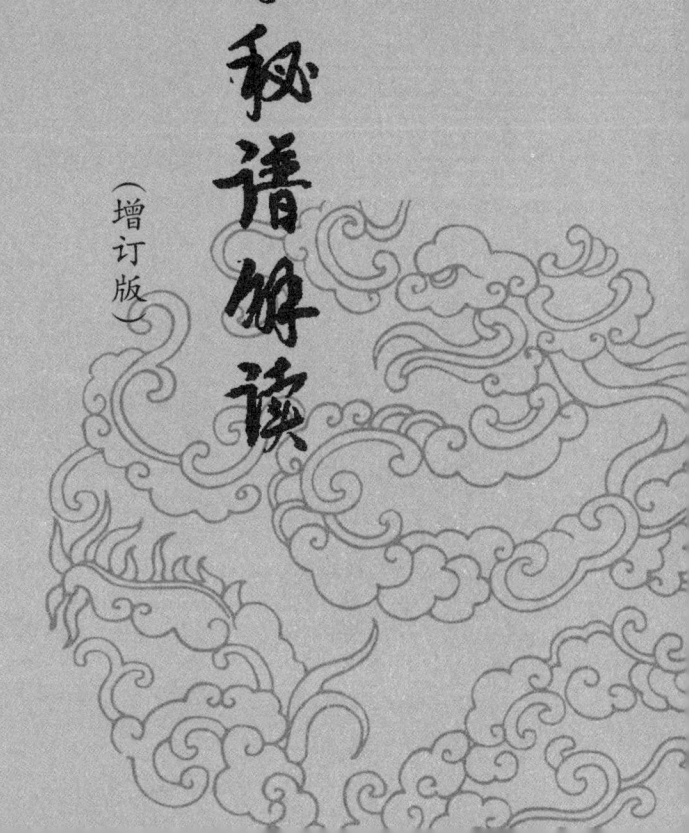

图书在版编目（CIP）数据

戴传心意拳秘谱解读 / 程庆余著 . –北京：人民体育
出版社，2018
ISBN 978-7-5009-5331-9

Ⅰ . ①戴… Ⅱ . ①程… Ⅲ . ①心意拳–研究
Ⅳ . ①G852.14

中国版本图书馆 CIP 数据核字（2018）第 026263 号

*

人民体育出版社出版发行
三河紫恒印装有限公司印刷
新 华 书 店 经 销

*

787×960 16 开本 15 印张 205 千字
2018 年 7 月第 1 版 2018 年 7 月第 1 次印刷
印数：1—4,000 册

*

ISBN 978-7-5009-5331-9
定价：43.00 元

社址：北京市东城区体育馆路 8 号 （天坛公园东门）
电话：67151482（发行部） 邮编：100061
传真：67151483 邮购：67118491
网址：www.sportspublish.cn
（购买本社图书，如遇有缺损页可与邮购部联系）

序 一

2013 年 5 月程庆余同志告诉我，写了一本关于拳术的书，书名《戴氏心意拳秘谱解读》，该拳术系家传，请我写"序"。我一听很惊奇，我们曾朝夕相处一起工作过十五六年，后虽分开，但仍在一个大学工作，我从来没有听说他练过武术。我一口气读完这本书，又连续看过多遍，这才恍然大悟，似乎找到了他总是那样精力充沛和不知疲倦地工作、学习、生活的原因，原来是他青少年时期练过心意拳。

我是 20 世纪 70 年代初到药厂任厂长的。首要任务是扭亏为盈，重点抓技改、生产和研发新药，急需设备改造、扩建车间、技术革新、安装设备。京籍作家高锋霜先生的纪实报告文学《天行健，君子以自强不息》一文中（见附录五）简略介绍到程庆余同志在药厂的工作情况，写得真实恳切。我要补充的是，他白天带一班人辛勤工作，连续几年都是如此，圆满地完成了十多项系统工程安装任务，其专业涉及建筑、结构、机械、热力、给排水、水处理、起重、焊接等。他晚上常常做设计，画图至凌晨一两点，次日照常工作。为完成这些任务，他业余时间还坚持到东城区技术交流站学习，风雨无阻。在文化大革命的岁月里，干不干一样吃饭，逍遥人最舒服，在这种大气候中，程庆余同志如此自觉工作，且做出优异成绩，实在不容易也不简单。

程庆余同志以自己亲身练拳的感悟，从中医理论、中医经络学理论和现代量子物理学理论对练习心意拳强身健体的机理做出了分析，这些分析简单明了。

人体有 60 兆个细胞。现代物理学家、生物学家和医学家研究认为，人是一座真正的"发电站"，小到细胞、大到器官和系统总是不断产生生物电流。科学家根据这个原理，模仿人体电场生产出一种称为"高电位治疗仪"的医用设备，用于治疗和防止疾病，并被大量的临床病例证实安全有效。这种"电位疗法"对人体健康简要说有四个方面的作用：一、净化血液；二、调解神经；三、调解内分泌；四、活化细胞。

这种全方位促进人体健康的"高电位状态"，可以通过心意拳锻炼内功的方法获取，跟现代用高科技生产的"高电位治疗仪"的作用殊途同归。

程庆余同志说，从先辈口传身教得知，练习心意拳要求有很高的思想境界，要具备高尚的道德情操。书中述说戴氏家族，亦官亦商，亦农亦武，把岳飞的"精忠报国"思想作为家训，在农耕时代，就是"通经致用"思想应用在军事方面的典型。他 2012 年在百度戴氏心意拳网上的"互动百科"中提出愿意把这本珍藏近 90 年的拳谱献给家乡爱好拳术的朋友，于是萌生影印这本拳谱的想法。2013 年北京《重阳》杂志登载了他写的如下一首词。

江城子
耳顺年后心犹狂

耳顺年后心犹狂，早读忙，晚练枪。日就月将，万险愿担当。复兴九州情未了，力打拼，当自强。

充实知识心宽广，魏武王，气概扬。张良学森，步尘之榜样。年月时日非虚度，聚点光，世流芳。

"晚练枪"说的是他每天晚上还在练习心意拳。"年月时日非虚度"说的是他不愿意荒度每一天。

从这首词中能看出程庆余同志爱国家、爱学习、自强不息的精神。"凡有所学，皆成性格"。可以说练习心意拳使他对待生活总是那样精力充沛，乐观向上。

掩卷深思，心生波澜。心意拳秘谱的内容和意义，我用几句简单的话概括："心意拳"以"意念"为前提、以"气功"为基础、以"六合"为特征、以"瞬爆"为关键、以"和谐"为目标，内外兼修，刚柔相济，内涵丰富，自成体系；换言之，是一种"思想"加"功夫"加"技巧"再加"力量"的简捷明快的搏击术。一"明三节"、二"惊四梢"、三"动五行"的整体攻防思想的心意拳术，不但为群众提供养生健体的方法，也为武警、部队训练提供了参考。

这本尘封了近 90 年的"心意拳秘谱"问世，在中华武术的百花园中又多出一份纯朴清香，也弘扬了中华传统优秀文化。因此欣然笔序。

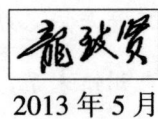

2013 年 5 月

　　注：龙致贤先生 1986—2002 年任北京中医药大学校长、教授、博士生导师。1964 年在原北京中医学院学习、工作，曾任教研室主任、药厂厂长、系主任、副院长、校长、国家中医药考试中心副主任。全国政协第九、十届政协委员。在学术组织曾任：中国医学气功学会会长、秘书长，世界中医药联合会常务副主席、副秘书长。现任世界中医药联合会中药专业委员会会长。

序　二（贺词）

欣逢程庆余先生著《戴传心意拳秘谱解读》付梓之际，蒙邀拙以为贺。

拳谱经珍藏数百年后传于戴家再传于程家，并秘密保存于程家近百年后献出，实属罕见与珍贵。它不仅是岳飞文化的重要组成部分，也是中华优秀传统文化的一束奇葩，无疑是武术界一大喜事。

心意拳的创始人岳飞，以精忠报国著称于世。在抗金救国的岁月里，他领导的岳家军以少胜多、攻无不克、战无不胜，创造了军事史上的神话，并塑造了岳飞圣勇英武的形象。为了抗金的最后胜利，岳飞蓄集了"十年之功"，其中一功就是将自己早年所研练的"达摩易筋功"和前人多种功法融和、提炼、升华，变为简便易学实用的拳法，教授将士习练来增强体质和技能。这就是被时人所称的岳飞心意拳法，简称为"心意拳"。

因岳家军广练岳家拳，千百年来，不同地区、国家的志士仁人仍在习练传承着岳家拳。据我所知，北京、山西、河南、湖北、香港、台湾、美国、东南亚等地都有习练岳家拳者。黄梅、南阳、新乡有岳家拳武术馆、岳家拳武术学校，新乡有岳家拳武术协会等。岳家拳传人马龙先生在美国开班传授过岳家拳。文至此，需指出，由于年代久远，在中国大陆，多数习武者将心意拳误传为"形意拳"；从心意拳独立出"八段锦拳"和"岳氏鹰手"；在程先生的家乡山西祁县，心意拳被直呼为戴家拳；现湖北黄梅岳飞后人习练的岳家拳，被称为"岳飞心意六合拳"。岳家武术中还有六合枪、六合刀等。

中华盛世，喜闻民族英雄岳飞拳法重新面世，甚幸甚幸！为"中国安强"而练武，弘扬传承岳飞精神，就是传承伟大的民族精神，伟大的民族精神促使伟大的中华民族复兴一定能实现。

岳一峰

2013 年 5 月

注：岳一峰系岳飞第 29 世孙，中国人民解放军大校，中国文化遗产保护研究院岳飞文化研究中心主任。

前　言

一

这本用小楷写成的《心意拳谱》，是 1924—1928 年，由一代拳师戴魁口述，我父亲程殿卿（字占元，1908—1998）亲笔写成。家父一生视该拳谱为至宝，始终带在身边，从不外露，直到 91 岁逝世前交给了我。这本拳谱，应该是最全面、最系统、最真实、最权威地反映戴氏心意拳独一无二的历史见证。

戴魁（1874—1951）与我祖父程正午（1875—1948）有着不解之缘。对这段历史，山西省祁县常委、民史委员会副主任委员董义全先生在晓义村村史《乡贤程正午及家族简介》一文（详见附录二）中写道："程正午祖籍晓义后迁居北京，是晋商的优秀人才。他值满清政府内忧外患、风雨漂泊的时代背景下，自强不息，艰苦创业，经 30 多年的拼搏，打造了辉煌的家业，置良田 200 亩，建房舍 200 间，仅在本村就建起油坊、磨坊、粮店、布店、药店等十余个商号，一跃而成晓义村首户。他与心意拳传人戴魁的一段轶事成为晓义人家喻户晓的典故。1924—1949 年戴魁住正午家 26 年，直至逝世，戴大程 1 岁，以兄弟相称，戴在程家传授程次子殿卿心意拳绝学并拳谱……此为正午一大功德。"

保镖世家出身的戴魁进住程家时正值 50 岁，这个年龄对于一个职业镖师来说，无疑是成熟的黄金时期，然而他对祖传拳术的继承、发扬和定型，却应追溯到 30 岁左右的时候，即 1905 年左右；或者说，在民国以前。

程正午举家外迁颇有传奇色彩。其长子程子襄（字占亭，1901—1987）1931年参加了地下共产党，不久任榆次、太谷、祁县三角区书记，程家成为晋中地区最大的地下党交通站。1937年，其长子与次子同时参加了薄一波领导的"牺牲救国同盟会"。1945年，国民党特警队查出送往太行山革命根据地的煤油、粮食、布匹、药品等来自程家的商铺，加上叛徒的出卖，阎锡山通缉程子襄。由于屡抓不到，便把程正午抓起来投进监狱。1947年秋，地下党组织第三次营救出程正午并安排全家乘坐美国人开的螺旋桨飞机飞抵北京南苑机场。

在离开晓义的那个漆黑夜晚，已经跟程家融为一体，同吃一锅饭、同住一个院达24年的戴魁依依不舍。最后他跟程正午说："我把家拳都教给了二少，他很贪功，练得不错。出去后千万别丢了，千万别传外人，千万保护好拳谱。"家父还特意留给戴师一大包大烟土，告诫少抽，保重身体，可见师徒临别时情真意切。

戴师的叮嘱家父牢记心间，1979年山西省体育馆派人找家父，高价聘请其回山西教拳，他以"多年不练"拒之；1980年又来请家父出山并寻觅"拳谱"，他亦婉言拒之；一生中曾遇有不少慕名而来的学拳者，实在推托不开的，便以螳螂拳教之，本拳绝不外露。

2011年，我开始关注"心意拳"现状。改革开放促进了经济的发展，带来了文体事业的繁荣。祁县有戴氏心意拳武馆、协会、博物馆。该拳走进了清华大学、经贸大学，并传播到国外，成为世界文化交流项目，同时选入国家非物质文化遗产保护名录。在网络视频中，许许多多自称戴氏心意拳第五代、六代乃至七代嫡亲传人的表演、解读、论述、教授、诠释沸沸扬扬，百花竞放。然而这些解读、论述和教授跟戴魁传给家父的几乎没有共同之处，这促使我必须写出来还原历史本真。

2012年1月，我专程回到晓义村，拜访了为戴魁养老送终、1939年出生的田汝文先生，并对他打的"四把""五行拳""十二行"等进行了录像。1947年我家离开晓义村后，戴魁仍住在我家。1949年土地改革后，戴魁由于不是本村人，没有分得土地和房屋，便住进了庙里。这时戴师已 75 岁高龄。善良的田汝文父亲田九元把戴师接到家中赡养，直至 1951 年辞世。这段时间，戴魁或许教授了田汝文一些拳术（见附录三中田汝文与作者交流拳术时的照片）。

我仔细反复看过以上这些表演，诠释后感到十分纠结和痛心，因为其中没有戴传心意拳的真髓，甚至是歪曲，跟《拳谱》中明确阐述的要求大相径庭，相距甚远。

2012 年 10 月中旬，中央电视台播出一位著名太极拳师"隔空打人"的视频，引来记者亲临体验，其泡沫不攻自破；接着中央台《新闻 1+1》节目指出，不止一个人在制造"隔空打人"的神话。

还有古玩收藏市场的门坎应该是很高的，但现在赝品太多，文物造假形成产业化链条了，把真正的古代艺术品糟蹋了。编故事蒙人的事层出不穷。

中国传统国粹何致处于这种状态？这里不分析原因，我只感觉到，这本反映戴传原汁原味面貌和理念的拳谱，是长期战斗实践、反复验证、科学总结出来的一份中华民族优秀文化遗产。经过民国初年的内乱、抗日战争、解放战争，直到文化大革命的浩劫，我为家父保存了这册孤本，感到荣幸和自豪。戴魁和家父同住一个大院共同生活了 24 年，我自幼练拳时听得最多的也是戴师的故事。我已年近七旬，献出这本尘封了 90 年的民族文化瑰宝，旨在本真地反映戴家精诣之术，存亡继绝，造福人民，振兴中华。

二

戴传心意拳是一种保守、神秘、威力强大的拳术，至今外人难窥其径。祁县有俗语："太极十年不出门，心意一年打死人"；"只见戴家拳打人，不见戴家人练拳"。

这是真实的。

戴传拳不外传，我认为有五个原因。

①由于符合中医经络学原理，只要坚持正确练习，内功增长很快。

②由于符合力学原理，动作简单实用，容易掌握。

③由于招法凶狠毒辣，源自实战，所以实效显著。从戴魁打死武霸和劫匪，可以看出这一点。一个是20世纪20年代初，在绥远比武擂台上，一招儿把声称灭他的当地拳王刘二击倒。一个是30年代一个冬季的夜晚，戴师用白蜡杆肩挑着两个包裹，从太谷返回晓义途中，一个劫匪持枪瞄准戴师，喝令"放下包袱走人"。戴师顺从地在离劫匪较近处，放下了包裹，一个疾步上去，劫匪当场毙命。

④戴家拳是用生命和鲜血换来的。戴魁的师爷大闾（戴文量）死于非命。当年大闾跟练形意拳的河北拳师交手，这位拳师屡吃大亏。三年后，此人约大闾去河北定州交手，大闾不听家人劝阻，一去便杳无音讯。戴魁有个哥哥，兄弟两人同跟父亲戴良栋练拳。哥哥调皮，不好好练拳，让父亲打了，意外夭折，从此父亲对戴魁的管教就放松了。

⑤保镖是一种职业，关系人的生存。在晚清和民国初年，社会动荡，经济落后，生计是个大问题。教会徒弟饿死师父的观念根深蒂固。

这些内外因素，使戴家拳不外传，可以理解。

然而戴魁传拳于家父，是个例外，是特殊的历史条件使然，也有五个原因。

①祖父程正午是晚清至民国初年神州大地上出现的一批"通经致用"型人才中的一员。他的事业从1905年开始兴旺发达，蒸蒸日上。他人品正、人缘好、人脉广、能吃苦。例如，他跟祁县县城号称渠半城的渠本翘合办"永晋宫"药店，社会效益和经济效益俱佳。他追求实业兴国，民本思想极为深厚，名望很高。

②祖父请戴师进家，正是戴师在绥远打死武霸刘二，被迫返回故里的人生低谷之时。

③祖父和家父均烟酒不沾，却供戴师吸大烟。当年大烟价格等同黄金。戴师跟祖父同吃一锅饭。这般以诚相待，戴师把程家视为自家，实属自然。

④随着买卖的红火，家父经营的商铺不断扩大，常常要到各地出差，防身健身不但成为家父的主观要求，也是客观需要。

⑤保镖工作，极具危险。戴师承担着不断扩大的护卫工作，压力和责任重大，他需要一个得力的助手。

这些特殊的历史背景使戴氏拳传给家父，合乎逻辑。

三

这本拳谱肯定戴传心意拳源自岳飞。

开篇序中明确指出，岳武穆王拳谱，意既纯粹，语亦明畅，急录之以诒。列举了岳飞指挥的126次战役中以少胜多的4次战例：破王善的南薰门之战、破曹成的桂领之战、破兀术的颖昌之战和朱仙镇之战。

有学者认为，岳飞创心意拳为虚传，其因是"托英名以显拳贵"，我否认这种观点。因为：

①根据北京大学历史学家邓广铭著《岳飞传》记载，开封留守宗泽把一份兵书《阵图》给岳飞，希望岳飞照图指挥作战，岳飞看后不同意宗泽的意见。宗泽质问岳飞："照你所说，难道阵法不足用吗？"岳飞回答："阵而后战，兵之常法，然势有不拘者。且运用之妙，存乎一心，请留守再考虑一下。"

"运用之妙，存乎一心"的思想原则贯穿于心意拳的一招一势，构成心意拳的主线。

②岳飞脍炙人口的《满江红》词，开头"怒发冲冠"，这与拳谱中要求的"齐四梢"同出一辙。发为血梢，指为筋梢，牙为骨梢，舌为肉梢，此为四梢。格斗时必须发欲冲冠，指欲透骨，牙欲断筋，舌欲推齿，意念

一动，四梢俱动，如猛虎之怒，蛟龙之惊……这绝非巧合，而是必然，说明心意拳的精神跟岳家拳一脉相承。

③岳飞训练的军队，用步兵战胜了号称"铁浮图""拐子马"的骑兵，令兀术惊呼"撼山易，撼岳家军难"！步兵有那么大的能量跟骑兵对垒吗？从现代美国学者琳内·麦克塔格特《念力的秘密》一书中可以找到答案。该书以世界知名大学的尖端实验为基础，揭示出整个宇宙由浩瀚的量子能量场互相连接，意念具有能量。中国武术称之为"丹田"的部位，是身体内在能量的主引擎所在。一个人静静站着时，脑电波放大器测得他的呼吸和心跳能产生10~15毫伏特静电能量，而全神贯注的炼功者产生的静电能量是190伏特，那是人们正常状态的10万倍。这就不难理解，为什么岳家军用步兵可以打败金人的骑兵。可以认为，威力强大的心意拳跟岳家拳有相同的遗传基因。

④戴魁为人处事十分真实诚恳，自己负面的东西也不隐讳，实事求是是他的信条。比如，打死刘二，他向家父详细介绍了擂台赛的前前后后。他用马形，而且使用了暗器——一个平时吸烟用的直径8毫米长100毫米的铜烟袋。这段史实，戴师也曾经跟至今仍然健在的田汝文先生讲过。假如心意拳不是戴家认定的来自岳家拳，他不可能在拳谱中落笔。

⑤家父告诉我，戴魁亲口跟他讲过，心意六合拳创于宋朝岳飞，凡参加岳家军的都练此拳。以此拳与金兵作战，能攻善守，使金兵闻风丧胆。岳飞被昏君奸相陷害后，岳家军解散，各回原籍。金兵占据中原后下令将心意拳列为禁拳，以致经过元、明两朝几乎失传。至明末山西省蒲州府永济县均村人姓姬名际可号龙峰的，原在陕西做官，竟弃官走访名师。某日在终南山一庙宇中休养，偶见一岳飞塑像，因年久失修，泥皮掉落，露出一卷真书，名叫《岳王六合心意拳谱》，随即专心致志研究这一拳术，终得其真传。姬老师只传曹继武师一人，据传他也入终南山修行去了。戴魁还讲过，戴龙邦传留的材料中，曾叙述过曹继武老师向他传授了武术。临走嘱咐他，千万注意武艺不要轻易传人。当夜不辞而别。

据此，我认为"岳飞创心意拳为虚传的说法"没有根据。

四

这本拳谱还带给我们哪些有价值的信息呢？

①岳飞把拳术上升到国家安全和社会长治久安的高度。"文武古今之圣传且是国家之大典，上有益于社稷，下能趋吉避祸，此人生不可缺也"。当今，戴传拳内外一体式的攻防理念，不仅对全民健身防身有益，而且对国家领土、领海、领空的安全有深远的战略上和战术上的意义。

②学习心意拳要有很高的思想境界和道德修养，须以儒家的五德——仁、义、礼、智、信为处事的原则；以佛家的善作为处人的归宿，"万事归于善不可有始而无终矣"；以道家的"周天法"作为养生增加功力的手段。

③这本心意拳谱，是一个完整的独树一帜的拳术体系，其构成有6个特点。

第一，使经络系统气血充实流畅是练拳的基础。神形兼备，神是第一位的。人体经络系统，纵横交错，网络全身，无处不至，甚至达到每个细胞；内联五脏六腑，外通皮肤、毛孔，把全身联系成一个有机的整体。从站桩开始，就要用"周天法"促进任督二脉（即小周天）气血充盈，再通过"摩经磨胫""五行"等练习，使全身气血充实流畅。

第二，行拳务必用整体之力，务必内外三合，即心与意合，意与气合，气与力合；手与足合，肘与膝合，肩与胯合。如何达到这样的目标，谱中有"一字令"等具体技法。

第三，本拳全部是贴身打法，一般来说，先打顾法，后打攻法，一气呵成，在《手脚法》中有精妙的阐述。

第四，行拳速度极快，讲究"束身而起，展身而击，藏身而落"，"拳打三节不见形，如见形影不为能"。当年戴魁用马形击倒刘二，众多观战者都感觉没有看到戴师用了什么招式。如果人的视觉暂留是0.2秒，那么"拳打一阴还一阳"的时间不超过 0.5 秒。

第五，本拳宜十四五岁开始练习，遵循重动、轻动、灵动的原则。重动是不可缺少的阶段，上步时要"不怕顶破天地顶，不怕蹬塌地地蹬"。戴师和家父练拳时，经常把院内的地砖蹬裂。

第六，本拳富含易理、哲理、数理、医理和物理，极具研究价值。

五

这本《心意拳谱》没有标点符号，为避免失真，采用了影印的方式出版。后面的解读是以一个标题为一章，无论字多字少，按顺序进行。每一章中涉及技法、要求和健身作用，都在本章中直抒胸臆。

本谱共 35 章，只解读了前面的 7 章，占全部的一小部分。但是这一小部分，笔者认为，涵盖了后面最核心、最重要的精华，应该能展示出戴传心意拳的真相。其余的部分留给感兴趣的武术界朋友研究探讨。

我不是武术圈内的人。1924—1947 年家父跟戴魁练拳，都在高墙大院里进行，没有第三者介入。即使戴师给晓义村小学讲过拳课或零散教过个别人练拳，戴师很坦诚地告诉过家父，那都是皮毛。我跟家父学拳，也是在无人条件下学习，可谓孤陋寡人。因此不足与错误之处在所难免，敬请武术界同仁批评指教。

程庆余

2013 年 3 月

增订版前言

　　《戴传心意拳秘谱解读》2014年出版后，至2016年已经印刷过三次，在武术圈内引起较大反响，褒贬不一，犹如冰火两重天。刚出版时，责编对我说："你的解读过于简单，似乎只有骨头，没有血肉，希望你以后能增加内容。"

　　那时工作很忙，完全没有增加内容的想法，这与我对武术圈内的情况孤陋寡闻有关，也与我公开家父手稿的初衷密不可分。当时想法很简单：献出尘封近百年的拳谱，请武林中的朋友阅读与研究原文，揭开戴龙邦家族世世代代不外传"心意拳"的奥秘，绝不能让岳飞亲创举世无双的拳义、拳理和拳术埋没在历史的长河中。

　　三年来，与我交流拳术的人众多，从北方黑龙江到中原、江浙地区，再到南方广东，都是练过二三十年已经五六十岁的武术爱好者来京与我切磋，竟没有一人阅读与研究原文，交流局限在浅表的肢体动作方面；中国社会科学研究院等研究中国传统文化的权威机构，对儒学、道学、佛学的学术研究广博而深入，已经触及到武术内气（炁）、内功等深层功夫问题，却又缺乏实践与体悟，交流局限在文献与理论方面。这种情况使我深感意外。想起责编的话，不能不说具有远见卓识，对当时我拒绝了他的要求很有愧疚。

　　幸运的是以书为缘，结交了许多高朋贤士，极大地促使我继续学习和思考。大家在交流中相辅相成、相反相成，共同提高。就内功的练法，我把在家父的指导下，严格按照拳谱实际修炼的点点滴滴体会和心得与大家分享，以弥补老版的不足，同时作六点说明。

（1）原版内容全部保留，个别地方有些修改，书名改了一字，把"氏"字改为"传"字，即新书名为《戴传心意拳秘谱解读》。

改这一字，由中国遗产文化保护研究院岳飞文化研究中心主任、岳飞第29世孙、中国人民解放军退役大校岳一峰先生郑重提出，我认为很有道理，欣然采纳。他说："心意拳是岳飞亲自创始，拳名冠以戴氏，容易被人误认为是戴氏人创立，为了与原创人区别开，称戴传比较好。"讲这话的时候，他刚从河南新乡参加有关岳飞的纪念活动回京，带给我中州古籍出版社2016年出版、路全振先生编著的《岳家拳》一书。

通过岳先生引荐，我认识了一些岳飞后裔。人民日报社工作的岳增敏先生，送给我许多关于岳飞的书籍，其中有一本《武穆裔书岳家拳》。该书由岳少明、岳鹏森编著，介绍了岳飞拳术的源流和流传于鄂东南武穴地区的岳家拳套路。其中"岳家拳拳谱"部分，阐述的拳理、拳法及风格特点，虽然零零碎碎、不成系统，但是跟戴传心意拳拳谱的叙述实质一致，只是语言表达不同。岳一峰先生为传播岳飞思想、文化和精神竭忠尽智，不遗余力，非常值得敬佩。

岳一峰（左）与作者在汤阴岳飞纪念馆合影

（2）小楷写成的拳谱共 35 章，以一个标题为一章，原版按顺序解读了 7 章。本次增订版，为了重点解秘心意拳内功炼法，为了突出练心意拳就是"战场杀敌"而必须内壮筑基、疾速狠毒、一招致命的打法，为了便于阅读和理解，在原版解读了 7 章的基础上再解读 5 章。同时打破了原有顺序，把原谱第二十章《心仁肝义肺礼肾智脾信》和第二十八章《周天法》放在增订版的前两章，把原谱第八、第九、第十章放在第一版已经解读的章节之后。

（3）2016 年 3 月 12 日，老子道学文化研究会胡耀贞分会成立暨纪念胡耀贞先生诞辰 119 周年大会在北京召开，大会推选胡耀贞之女、83 岁的胡丽娟老中医为分会会长。

胡耀贞，山西榆次市（现晋中市）人，距我家乡——戴魁后半生居住（1924—1951）的祁县晓义村 30 公里。他中医学徒出身，同时练拳修道，拜心意拳、太极拳和道教、佛教十七位名师，以武会友，博览古今医道文献，结合实践，独树一帜，无极针灸的运用堪称一绝，有"妙手神医"之称。他 1942 年在太原创办了"山西省国术馆"，任馆长；1953 年开办了"首都武术研究社"；1956 年主办"北京针灸门诊部"，设第一个气功科；1959 年在人民卫生出版社出版《气功》一书；1962 年在人民体育出版社出版《保健气功》一书；1973 年被迫害逝世于北京。

新中国成立前，家父跟胡耀贞相识。新中国成立后，家父对《气功》与《保健气功》两书曾经拜读。1972 年家父对我说："胡耀贞大夫继承了戴家的医术，对禅功也有造诣。他的著作跟拳谱中的'周天法'有关联，你去找找他交流和深入学习；把戴家的气功从秘传应用到实践，是件功德无量的大事。"遵嘱，那一年，我找了胡大夫三次。第一次没有找到，第二次听说被抓起来了，第三次家父让我了解被抓的原因，才知道他在行医过程中传授过气功壮阳的方法。"文化大革命"年代，传授来自中华传统道教的养生健身术，一律属于传播淫秽色情而被封杀。

由此引出了一个极其重要又神秘的"武术内功"问题。1965 年，在我练拳接近两年时，在学习了人体经络之后，家父跟我讲起"周天法"。他说："炼心意拳女人可以没有月经，男人可以没有射精。"当时我18岁理解不了，但结婚后明白了："周天法"可以使男性五脏功能尤其是肾功能强健，在与配偶同乐达到性高潮欲射精时，可以控制住不射精，达到炼精化气、炼气化神、炼神补体，使性生活游刃有余。

"武术气功"比保健气功有更高的境界、层次和要求，已不限于通过炼功达到疏通经络防治疾病的目的；而是作为武功基础，必须壮阳强体，掌握一招制敌于死地的超能，同时具备抗强打击能力。本次增订，解读"周天法"，解开内气和内功由来、机理和炼法的秘密。没有内功为根基的武术，不是真正的中国功夫。冷兵器时代，中国武术的本质就是"战场杀敌"，绝不是用来搞表演、搞比赛和用来挣钱的。

2016年，老子道学研究会胡耀贞分会在王府井涵芬楼书店举办过5次讲座，邀我为嘉宾出席。胡丽娟老师跟我谈起心意拳，有说不完的话，句句投缘。我曾向她讲起家父1972年让我去找胡耀贞大夫的事，并进行了交流。讲座间歇，胡大夫让我展示一下拳脚，我便当众打了劈拳。事后胡大夫小声告诫我："你的拳不要教人！"下面两张照片，一张是该会成员与我的合影，一张是我打的劈拳照。

(4) 张超中哲学博导送给我三卷本胡孚琛著的《丹道法诀十二讲》，由社会科学文献出版社出版。

胡孚琛，1944年生于河北吴桥。1969年毕业于南开大学化学系，曾在医疗卫生、化工部门工作。1977年相继在中山大学、山东大学读书和教学。1984年考入中国社会科学院研究生院。现为哲学博士、博士生导师。原全国老子道学文化研究会会长。1993年开始享受政府特殊津贴。主编《中华道教大辞典》《道教通论》，著有《道藏与佛藏》《道教与丹道》等。

读过《丹道法诀十二讲》，令我十分震撼。最震撼的有三点。

前排右起　　胡丽娟
　　　　　　程庆余　本书作者
后排左起　　茹　凯　首都体育学院教授　胡耀贞研究会秘书长
　　　　　　刘东江　胡耀贞研究会副秘书长
　　　　　　曾传辉　中国社会科学研究院、世界宗教研究所研究员
　　　　　　张超中　中国科学技术信息研究所、老子道学文化研究会哲学博导

讲座结束用餐后，应胡丽娟大夫要求，作者打的劈拳：拳打一阳还一阴，这是"一阳"，同时用掌和肘打击敌人；是拳谱中的"捧掌端碟"之式。

①1982年胡先生在海内外开展道学和佛学的调研，是遵从了我国原子弹、氢弹和人造卫星之父钱学森（1911—2009）的建议。1992年和1995年，钱老分别给他写信，叮嘱他完成任务；钱老把他主编的《中华道教大辞典》置于案头，随时查阅学习；告诫他中国气功界藏龙卧虎，歪门斜道甚多，当心被坏人利用等。从中可以看出，钱老对中国传统儒释道文化极为重视，又对现状极为不满。这不禁使人联想到著名的钱学森之问。所谓"钱学森之问"，是钱老先生生前在各种场合多次提出的问题：为什么我们的学校培养不出杰出人才？2005年，温家宝总理看望他时，钱老感慨说："这么多年培养的学生，还没有哪一个的学术成就，能够跟民国时期培养的大师相比。"钱老再次发问："为什么我们的学校总是培养不出杰出的人才？"这些话无疑在告诉我们：博大精深科学含量极高的中国传统文化被贬低或被摧残了，学术只有突破定于一尊的思想教条才能繁荣，并亟待研究、传承和发扬！

②胡孚琛教授没有辜负钱老的期望，在中华传统文化领域成为集大成者，硕果累累。仅此《丹道法诀十二讲》，花了26年时间调研、8年工夫写成，其间跋山涉水，排除万难，殚思竭虑，呕心沥血，我认为在道学文化史上具有划时代里程碑的意义。

他提出"新道学"，"不仅是一种解释世界的学说，也是一种改造世界的学说……新道学的目标，就是将道开发出来，为人类服务。内丹学是一种最优秀的修道技术，也是一种体道的行为模式，还是一种造就道学人才培训程序。道学之士要为宇宙立基，为生灵立命，为人类图生存，为世界求和平，为科学开新篇，为社会奔大同。"这是何等伟大的胸怀！

这种思想，跟钱学森晚年宣称的"气功和特异功能，是一种值得深入研究的人体科学，可能导致一场21世纪新的科学革命——也许比20世纪初的量子力学、相对论更大的科学革命"的思想高度吻合。

③我1963年秋季读高中一年级时跟家父学习心意拳。我有两个哥哥，家父极力要求他们练拳，都未成功。家父教我，带着"恨铁不成钢"的心

态，拿着他在戴魁指导下苦心写成的手抄本，一字一句地讲解，一招一式地示范。家父严厉地告诉我："只要进入练拳状态，你前面必须有一个、两个甚至多个凶神恶煞的敌人，你不消灭他们，他们就消灭你！戴魁老师当年就是这样要求我的！"

自姬龙峰在终南山一座庙宇中得到岳飞拳谱，苦心钻研十载寒暑，得到真谛后，传给曹继武，曹继武传给戴龙邦，戴龙邦家族传至第四代戴魁，戴魁传给家父，都是一代一代一对一口传心授。从我第一天练拳开始，无论是站桩还是出拳，时至今日，都怀有这种强烈的热血迸发的激情：你在跟敌人进行殊死搏斗！

作为最基本的"一字令"功夫，练到随心所欲的地步，"顶、蹬、奔、直、弓、撺、翻"七个动作到位，并且稳定以后，家父开始教授我"周天法"。"周天法"是锤炼内气、内功行之有效的技法。懂得"周天法"的深刻道理，加上日就月将地艰苦锻炼，思维更加敏捷，身体更加灵活，动作更加迅速，爆发力更加强劲，正如拳谱中所言：心动似火焰，肝动似飞箭，肺动成雷声，脾肾胁夹功，五行合一处，放胆即成功。

我今年 72 岁了，看武术书籍无数，会武林朋友很多，55 年来很想在书籍中找到是怎样解秘内功的，很想找到、会到武友是怎样练习内功的，然而令我极度失望，没有看到这样的书，也没有会到这样的人。我痛心地感觉，现在中国武术几乎失真，好似一个健康人没有了灵魂！

值得欣慰与兴奋的是，这样的书和这样的人我 2016 年都找到、会到了。张超中哲学博导送给我《丹道法诀十二讲》，该书全面、深刻、系统、科学地阐述了武术内功的历史、由来、原理和炼法；胡耀贞著作《气功》与《保健气功》两书，通过临床实践，简便、实用、有效和科学地弘扬了中华道学传统气功。

2016 年 9 月 11 日，教师节的第二天，张超中博导引荐我拜访了胡孚琛教授，当时来看望老师的还有他的几位高足。我们谈论丹道和气功，从下午 3 点谈到 8 点，学术气氛甚浓。以下两张照片，一张是胡教授与我在单独交流，另一张是作者跟胡孚琛教授及其学生交流后，胡教授弟子——青城丹道山海子手举作者著作与作者合影。

右为胡孚琛，左为本书作者

左为青城丹道山海子陈文耀，右为本书作者

（5）心意拳气功主要来自道教，属于武术气功。岳飞以后，金元统治者把岳家拳列为"禁拳"，几近失传；从姬龙峰开始，明、清、民国以来至现代似乎仍然如此。

气功流派很多，一般归纳有儒、释、道、医、武五大类别。儒家气功主要以修身养德为目的，践行"仁、义、礼、智、信"，特别推崇正气。佛家气功主要讲"练心"，践行"五戒十善"，推崇"戒、定、慧"三字，以达到精神超脱。道家气功主要讲炼精化气、炼气化神、炼神还虚和性命双修等，践行"修德十益"，推崇"天人合一"。医家气功历史最久，主要以防病治病、保健强身为目的，践行在"入静"条件下，通过肢体运动，祛病健身。武术气功包括软气功和硬气功，软气功指"内练一口气"，硬气功指"外练筋骨皮"，达到强身健体，善于技击。

气功功法繁多，一般认为有吐纳、导引、坐禅、存想、周天法五大类别。

谈以上这些，旨在表达我炼功的感悟，仅为一孔之见、一家之言，祈盼加速挖掘中华民族传统文化中深藏的瑰宝和加速人体科学研究的进程，为复兴中华和人类健康奉献微薄之力。

（6）历史上研究、评论岳飞的专家学者很多，公认岳飞是杰出的战略家、军事家；公认岳家军英勇善战、军纪严明，在平原地区击溃当时世界上装备最精良、进攻最凶猛、速度最快捷、战力最强悍的金国骑兵，战功赫赫，彪炳史册；公认令敌国统帅折服而惊叹"撼山易，撼岳家军难"！这在古今中外战争史上绝无仅有。

然而，还没有人从岳家军修炼心意拳气功的角度去分析和认识这些问题，不能不说是一个严重的缺失；不能不说外行评论内行，常常只看表面现象，看不到内涵实质，往往不能准确、客观、全面地反映事物的真实；不能不说是一个忽视了"两气"作用的严重疏漏。

所谓"两气"，一个是浩然正气，一个是充足内气。通过修炼"周天法"和"摩经磨胫"等，能使内气充沛，让每一个生命细胞充满能量，导致内功强大，由意念引领，实施"一字令"和简捷实用的技法，瞬间集中爆发出无比强大的攻击力量，从而摧垮任何敌人。

岳飞之后，姬龙峰、曹继武到戴龙邦家族都对"两气"的作用极为重视，把"两气"的作用——精神变物质、物质变精神，即意念变能量、能量变意念的相互良性转换秘而不宣，提升到只能家传不能外传的绝密程度。历史记载，戴龙邦遗嘱："戴家拳只可家传，不可外传，且只传男不传女"，这个遗嘱是贯彻始终的，只是戴魁住到了程正午家发生了例外，其原因前面已有论述。当年形意拳鼻祖李洛能为求得拳术，在小韩村置地种菜，三年白送戴家，都没有得到戴龙邦父子的真传；从外在的站桩到拳式，从内在的小周天到大周天的修炼，心意拳和形意拳都有本质的不同；李洛能心知肚明，把所创之拳名曰"形意"。戴魁多次告诉家父，他"徒弟"不少，但是一个教一样，不教本拳。家父也有不少"徒弟"，也是一人教一样，都跟教我的截然不同。

岳飞是第一个把儒家思想用于治军、用于指挥战争的人，岳飞是第一个用道家修炼内功的方法训练军队的人，用于战场杀敌的人；冷兵器时代，岳飞创立了武学的理论体系和实战体系，在当今的信息化、智能化时代，岳飞的思想仍有强大的现实意义。孙中山先生指出，岳飞精神是中华民族精神，是"中华魂"，这绝不是空洞的赞美，是千真万确的史实。这种精神极需我们学习、继承和发扬！相关解读，请阅增订的章节。

程庆余

2013 年 3 月

目　录

第一篇　戴传心意拳秘谱影印部分

心意拳譜

殷卿錄書

六合拳序

天下之治道有二曰德曰威天下之學術有二曰文曰武然武之所重者技藝也況國家講禮有法蒐苗獮狩各有其時豈徒事為虛文也武故武之技藝不可不親歷其事而其間精微奧妙更有不容率意妄陳者余嘗擬著為論公諸同好特恐語言不精反誤後世此心耿耿曷其有極茲見岳武穆王拳譜意既純粹語亦明暢急錄之以誌余愛慕之情云

王即飛字鵬舉河南湯陰人也王父早歿侍母最孝尤賢

節氣優於将器際毅多謀其智勇絕倫超羣當時名將無匹及長

應幕於東京留守宗澤與談兵曰如將軍者方可與兵言孫武屢高

戰功遂成大將善以少擊眾自帥八百人破王善等五十萬眾於南薰

門八千人破曹成十餘萬眾於桂領其戰兀朮於順昌剿背嵬八百於朱

仙鎮凡有所舉必謀定而後戰故有勝而無敗辟遇敵不動故敵為

之曰撼山易撼岳將軍難張所嘗問用兵之術於王　王曰仁信智勇嚴

關一不可平身好賢禮士博覽經史雄歌投壺恂恂然如書生每戰勝必

辭功曰將士效力飛何功之有而忠憤激烈議論特正不挫於人卒以此得

禍當童子時授業與周侗老師精通搶法以搶為拳立一法以教將佐

名曰意拳神妙莫測蓋從古今未有之枝也王以後金元明數代鮮

有其枝獨我山西祁縣戴公龍邦聘請河南裏山縣南門外居往

有位姓李名貞自幼嗜好武術專習心意精通以陰陽五行為主

先生以此拳傳授與戴公文量文勛二公傳戴公良棟又授與其子

戴公名魁字佐清余師學校十易寒暑技術成矣但武藝習日要潛心

玩味以思其理見世有勇敢之士未嘗無兼人之力及觀其藝再叩其學

手不應心語不合道者何也不得簡中真傳故也所謂真傳者名雖

曰武其實貴和和者智勇順成自然之理也豈近世捉拿拘打封閉

展遍其跳躍悅人耳目者可比其意拳大要不外陰陽五行動進起落

進退虛實而其妙又須六合手與足合肩與胯合肘與膝合心與意合

與氣合氣與力合苟能日就月將智無不周勇無不生得乎知之理會乎

知之精自然能去能就能弱能強能進能退能柔能剛不動如山兵難知

如陰陽無窮如天地充足如太倉法測如海滄元曜如三光外墩猴勢肉

站丹田抱肩裏胯束尾鷄腿龍身熊腰鷹膀猴背虎抱頭兩肩要裏

塌兩手心外托兩手背托膝舌挺上顎眼要觀平兩肘緊挨雙膝不過足

前墩势之時如覺疲倦宜休息數次為妥精養靈根气養身元陽不

走得气真丹田養就黄金本萬兩黄金不與人以此視近世演武者異爭

不異乎同乎不同乎

挑領鷹捉斬夫俱行 不是原勢是抹手

斬截裹胯挑頂雲嶺 抹手 出勢虎撲起于鷹捉雞腿龍身熊腰虎抱頭 見敲身法

寸踐躦法十六阻

一寸二踐三躦四就　五夾六合七疾　八正九經十膝　十一起落十二進退十三陰陽十四

五行十五動靜十六虛實

寸是步也　踐是腿也躦是身也就是束身也上下束而為一也夾是剪也兩腿行

至剪也合內外六合也內外三合如一成其六合疾是毒也正是真也看正却是

斜肩斜却是正也經是手摩內五行也脛是驚起四梢也火機一發物必落摩

筳磨腰意氣响連聲起是去也落是打也起也打落也打起落如水之翻浪

方起落也進步低退步高進退不是枉學藝何為陰陽看陰而有陽

看陽而有陰天地陰陽相合能下雨拳上陰陽相能成其一塊皆為陰

陽之氣也內五行要動外五行要隨動靜為本身體動為作用若言其靜

未漏其機若言其動未見其跡動靜正發而未發之前為之動靜也慮

是精也實是靈也精靈皆有成養身養功養道見天真丹田晨就長飽實

六合自古無雙傳多少玄妙在其間設若忘傳無罣我人招災惹禍攬壽年

武藝都道無真經任意變化勢勢窮豈知悟得嬰兒要吃奶頑要打法

天下是真形天為一大天人為一小天墻倒容易推天塌最難擎手雨洒灰塵

淨風順暴雲回熊出洞虎離窩硬崩搞豎角犁正之頂將有所去虎閙其食

將有所取勢正者不上勢遠者不上知近遠知老嫩知寬窄上下相連心動

身不動則枉然身動心不動亦枉然一塌安把势吊兜肉翻騰挪足低隨明

只八势打未不尚好武藝問爾何所據以谷曰我的瑪中不定熟是或把或

拳望着熟是随高打高随低打低打遍天下即如老鹞行如槐虫起如

挑担若遇人多三摇二旋

五行相尅

劈拳似斧属金非斧有捧撑发碾之势崩拳似箭属木非箭舟行浪头之势

金尅木所以劈拳能破崩拳横拳起落似弹属土有轮行壕沟之势水

尅土所以崩拳能破横拳攒拳似闪属水非闪有山倒岭塌之势土尅水所

以横拳能破躜拳炮拳似炮属火非砲有江水排岸之势水尅火所以躜拳

能破炮拳火尅金所以炮拳能破劈拳

五行相生

金生水所以劈拳能变躜拳水生木所以躜拳能变崩拳木生火所以

崩拳能变炮拳火生土所以炮拳能变横拳土生金所以横拳能变劈拳

拳法意来本五行生尅裡边变化精学者要知真消息只在眼前一寸中

起手横拳势难招展开四平前後稍望眉斩截反背如虎搜山斩手炮俱行

如風鷹捉四平足下存身進步揉打莫容情搶上搶下步十丁字立剪子股势

如擒拿進步不勝必有寒势之心打人如走路看人如蒿草但上如風响起落似

箭攢遇敵要取勝四稍俱要齊手起脚不起則枉然脚起手不起亦枉然未起

是摘字未落是隊子三意不相連必之意见浅拳去不空回空回總不奇兵

行詭道搪扎如箭射拳上一氣兵戰殺氣無不取勝君与臣將与兵合一氣

盖乾坤並無二反意遠進一丈步位疾兩頭回轉寸為先早知回轉這条路近

在眼前一寸中守住心行正道小路雖好車难行拳打遍身之法脚踏渾身是

空遠去不發脚發脚不打人見空不打見空不上先打顧法後打人先打那裡

顧法渾身之法俱打打的是本身隨機應變手起末要望空落脚去不要望

空落閃展兩邊堤防左右强者往後跟抬連繫追隨高打高隨低打低起

為橫落為順為其正方心不勇手不推搁不止多出變化，三存者不上裡

所悟原來是本心不明四稍上節不明渾身是空中節不明多出七十二把神

變下節不明多出七十二盤跌有反意必有反氣有反氣必有反力言其心形

未動必有異反之心眉笑面喜不動唇嘆心防他必有伶俐之心能知其歸一

合順則天地之事無不可推矣識見不是隨時藝遇世事無有不到頭

戴公云文武古今之聖傳且是國家之大典上有益於社稷下能趨吉避

禍此人生不可翻也今之武者專論架勢封閉閃法不知日間瞭然在目還可

少用若黑夜之中伸手不見如何用之必至反悞自身悔何及哉惟剛大之氣

養之於素而或然發於一旦依本心本性真撲上去隨右打右隨左打左不怕

身大力勇者一動而即敗矣世人深察之否

手脚法

眼要毒手要奸脚踩中門檔裡鑽眼有鑒察之精手有撥轉之能

耳有聽風之靈鼻異有息入氣之精舌有嚐味之巧脚有行呈之功兩肘不

離脇兩手不離心出洞入洞緊隨身乘其無備而攻之由其無意而出之前

脚趂前脚後脚踩腿灣後脚趂前脚前腿抬後連起先前進左腿隨心与眼

合多一明心与舌多一精心与耳合多一靈心与鼻合多一刀先分一身之法心為元

帥肱膊脚為五營四哨左為前鋒右為將手足相顧准備萬般千着不

如一看熟早知此應驗過後見識不如無頭為一拳肩為一拳肘為一拳

把为一拳胯为一拳尾为一拳膝为一拳足为一拳头打落意随足走起而

未起占中央脚跳门撗地位就是神手也难防肩打阴反一阳两手祇在洞

中藏左右全凭盖世力束长二字一命亡肘打去意占胸膛起手好是虎撲

羊武在裹胯一傍走後手祇在脇下藏把打起落頭時擋降龍伏虎霹靂

閃天地交合雲遮月武艺相戰蔽日光胯打中節並相連陰陽交合必

自然外胯好似魚打挺裹胯撗步變势难尾打落意不見形猛虎坐

窩藏洞中背尾全憑　精靈氣起落三字自分明膝打幾處人不明好似猛

虎出木籠　和身展轉不停勢右左明撥住意行足打踩意不落空消息

全憑後足蹬与人交勇無許備去意好似捲地風腳打七分手打三五行四

稍要和全氣多乎心意隨時用硬打硬進無遮攔起束形落芽踪起如

蟄龍登天落如霹雷擊于地以上下左右苗處打法俱不脫丹田之精腹打

去意要粘陰好遠弓一力精丹田久練靈根本五行合一見奇能

踩撲裹舒絕 總打法

踩者如踩毒物也撲者如猫虎撲物也裹者如鬼裹而不露也舒者舒展其

力也絶者抖絶也一絶無所不絶也

龍虎猴馬鮀　鷄鷂燕猫蛇　鷹鷂熊　十二形練法

龍有叟骨之法虎有撲食之勇猴有蹬山身法馬有蹄蹄之功鮀有浮水之

精鷄有敵鬥之勇鷂有束翅入林之靈燕有取水之能猫有束身竪之能

蛇有撥草之巧鷹有捉拿之精鷹動出於頷顱以高望低屬陰熊有豎頂

之力熊動落於枕骨以低望高屬陽束身而起藏身而落起而鑽落而翻前打

倒還嫌遲起如劗落如風追風趕月不放鬆論身不可前栽不可後仰不可

左右歪往前一直而出往後一直而落論步法寸步快步踐步不可缺講腳法

起而蹲脚落而翻不蹬不翻以寸為先肩要催肘肘要催手腰要催胯胯要

催膝膝要催足

五行合一法

遠箭近蹭蹭進合膝沾身縱力手起如摟摟落如鈎阻摩經磨脛心一動渾身

俱動心動似火焰肝動似飛嘴肺動成雷聲脾腎脅夾功五行合一處放胆

即成功起落二字自身平盖势一字是中身身似努弓拳如藥嘴削能要差莫

要停柱蟄龍未起雷先動要喝喝也風吹大樹百擺枝摇上法須要先上身

手脚齊到□為真内要提外要隨起要橫落要順打要遠氣要催丹田

拳似砲龍折身遇敵好似火燒身起站身來進中間手起是虎撲脚去不落

空拳打三節不見形如見形影不為能能在一思進莫在一思存能在一氣先

莫在一氣後起横不見横落順不見順起不起何用在起落不落何用再落低

之中望為高高之中望為低起落二字於心齊死中反活活中反死明了四稍永

不懼閉住五行永無凶明了四稍多一精明了五行多一氣明了心多之力三回九轉

是一勢勢怕人简多之精一精知其萬事精萬事只要置了中身体圍他一勢要

圍奇好字本是無價寶寶有錢將往何處我要知好字路還往四稍求講四稍

舌為肉稍牙為骨稍指脚指為觔稍渾身毛孔為血稍四稍俱齊五行乱發血

稍發起不覓牙稍肉稍不知情從肋骨發起不知斤身起未動可知情本如出山

大光明兩手出洞入洞緊隨身兩手不離心手脚去快似風疾上又如疾打了還嫌

遲天地交合雲蔽日月武藝相鬥蔽住五行三起不見三進不見可見也好不

見也好势占中央且取难變化與人相战須明三尖眼尖手尖脚尖踩定中門

去打人如蛇吸食内定精神外示安伏見之如婦搶奪之似虎佈形候氣乱与神齊往

急若腾兔追其形逐其影縱横往來目不及瞬火樹成材在其主巧言莫要強

出頭架樑丙折不在重有稱打起千首鈎行其弱色之事丟去虎狼之威三思無

心自己悔保住身体現今福演藝者思吾之道依吾之言永無大害見其理

而自忠交勇者莫要恩惧思惧者寸步难行血稍發脚心發起到天門再

無別疑真豪雄牙骨肉稍仔細評評出理來是二通肋骨一氣要以和天地

陰陽憑之氣氣之通萬物皆通氣之復萬物皆復那見痕跡那有阻隔以和為始以和為終明天地知吾人之心意不知吾之心意還從四稍行目中不時輪轉

轉行坐不時要用心耳中不時常報應語中不時常調和調和者何世萬事

吉與凶吾有攏樹之心神苗之意奈其人心不知松柏四時青牡丹雖好開一時

艷盛松柏常綠緣何嚴霜相不打因他根深忠實人心若得人心意意意之時

不回頭可喜孝悌忠信禮義廉恥再思學意氣而自中矣

三意無路任從行早備晚上去避身知吾思惧何為三意庄稼耕讀萬事用只

為仁義禮智信武藝但掃世不平路途交結要用心晚前店須防備一切萬事

莫放鬆逢橋須下馬過渡莫爭先一人莫上舟搬重且停行寧走高岡十里遠

不走低凹右路行未晚先安宿雞鳴早看天人量人來莫量小可比韓信慶霸期

王里夜烈風休行路行必有禍与凶大人擒住一人难一人存心要占先有公参透這句

話萬世吉凶都消散亞此心之妄恩別意覓其何功身思不到萬事芥心三思矣

戴传心意拳秘谱解读

28

意不可以傳自思不到道吾苯理能見心莫見一身都遇賢來却也少墻比高山萬

不能雪裡漂黑自然黑蜜調黄柏終是苦自己久懼理不通每日连来枉費神

大樹有名人多望望他清凉敝日光狂風攪枝無人見不勝滋長入山林人此花開

滿樹紅後來結果那個成可見奇才終何用可惜奇才不多生此藝三教三不教

三懼三不懼何為三不教賤盗者不教愚魯者不教英義者不教何為三不懼

稍長大者不懼 力勇者不懼 藝高者不懼何為三教孝悌忠信者可教有

剛柔者可教機謀▫通者可教何為三懼能服尊長者可懼年高有德者可

懼要笑頑童可懼天下人廣君子少山大石多金玉缺世上師家名師稀解勸

世人德要學武藝必多吉少難以知丟財惹氣在眼前不如息氣養神却自然常

存仁義之心能除萬事之凶不孝之人何學藝不知起落枉伶俐不知進退枉孝

藝萬事歸於善不可有始而苟終矣

論五虎擘羊陣勢眼不精為一虎耳不精為一虎鼻不精為一虎口不精為一虎

言不精為一虎不精者為虎精者為風雨這風雨洒遍乾坤遇山林而不能阻

隔隔那怕他洩世機謀有一個古神驚隨身帶着帶他有何用處帶他若是直萌

白驚起四精四精起若要怕懼个個齊明言其莊虎攀羊陣執刃是我一時不明白了此陣勢恐傷嘗

白了有個青龍缺少眼目少頭尾莫有牙爪是我一時不明

幸遇天喬守降下猛雨出離那陣以後不會用莫要強用言不精中了他桃李

邊謀眼不精中了他飛沙耳不精中了他跑計跑徹南徹往北行鼻不精中了他廚

香風氣舌不精嘗　不出水裡邊甚麼滋味講五虎何為五虎五行五精即是

五虎後世裡行營用計如風風雷疾驚動四梢四梢裡緊要封閉埶龍未起雷

先動風吹大樹擺枝搖五行本是五道閺無人把守自遮欄埶意求財去採花

難出大坑一陣間

講十面埋伏陣埶再用意參想莫想人間逞埶強好強一笑受顛狂人不能欺天

滅地究竟此陣之事是我自己失料理升此陣悔之晚矣解此陣不明是自己

不明知計三心不犯不知為戒律既知巧手心不明既知攻脚坐不明既知蹬橋下自

空論此橋搭橋事有何緣故此橋即是智謀過此橋純凶勢吉以何為故以後見

礄是橋下有凶如不小心指輕為重切莫中此橋之計大將場壞三十二位以下的十

眾有餘如不是折橋計齊傷他陣未出淨眼樓猛見三條路脚下寒井後有火

燒身可往前進可往後退幸遇折橋之計莫折淨空留一空後人可行逢一生

一凤一燭非能見之深惡能議其好歹要務庄農先受苦未至寒冬早偹棉

看書十卷備應考之武藝只論見識淺世事人情都一般看合心專心不專有

人留意數句話命宜求通也不難言不明藝亦不精只怕候傷世人百鳥飛投

叢林會合一處求其心安蜜蜂採百花調在一處成其一蜜人可喜精蜜之言約

之一身全其為人已忘明來萬法滅與破世界漾罪尊守己心明來萬法終久自有賢人

歸吾宗

三拳像

躦拳裹拳踐拳是也躦拳形似巾裹拳頭虎龍踐拳似馬奔連環□氣濱

三棍像

蹤棍砲棍反背棍是巴蹤棍只要猛砲棍似風行反背爽如矢真及在其中

拳棍贊

三拳三棍非是尋常緊緊障圓滿是正方習時若至通神處武藝之中狀元郎

習藝二勤

一曰腿勤人之習藝均有常師即其所能學者要知藝之在人本之習宜熟習有等

量吾者有高超吾者果其高超帶畏山川之險道路之遙親灸其人誠心求教

我以誠心求於人而人未有不誠心教我者朝漸夕摩何患不至高超之境所謂

一慮從師須要百慮學藝二曰口勤鎗棍刀拳自有真形實象始而蒙混

不明維而糾錯難精苟能虛己求講解而人未有不以實心示我者耳儒目梁

何患不至明通之域所謂專聽莫若兼聽之廣

一曰知明手何為明手或比鏜比刀比棍比拳真正猛勇短毒疾恨利快覓間不覺

令人退避二曰知明眼大凡見人比鏜刀拳棍或於十目不合十三格有違即急為

指點曰比刀鏜拳棍出自何人當時如此樣令吾差之毫厘後必謬之十里一經改

正不覺令人憬然服之三曰知明言何謂明言其於歷代鏜刀拳棍法一敷聽其

講究真正是有始有終有本有末有證有據不覺令人豁然曉暢智荏榮醒末

習藝二戒

一曰戒持槍刀棍自有不易之準過與不及皆非的當人是我非須當舍己從人若執迷自恃終於無成一曰戒自滿槍刀拳棍本無盡境見習藝更有藝相遇得一看更有一看相乘倏然自滿則半而未盡之際終不免矣習藝者果能遵二勤勵三知凜二戒其不至人步亦步人趨亦趨然而不成者未之有矣

總結類

曠覽世間許多習藝云漢說甚麼二總三毒五惡六猛未及講談說甚麼六方八

要十目十三格言不曾經見即論眼前一百三糖九十二拳如隔萬重山真正可憐枉

費許多工夫究竟是兩手空攬枉學人試勢參依吾言入手三拳三棍精熟時

取無盡用無邊兩間許武多藝漢急回轉何須仰著糊模臉

内外相見合一家

震龍兌虎各西東朱雀玄武南北分戊己二土中宮位意為媒引相成配眼

耳口鼻外五行手足四稍五頂心久練內外成一氣迅雷電雨起暴風拳□拳

來意為意血意之中是真意誠心練養精神氣近在眼前變化中囗靈

根而動心者是武藝也養真真根而靜心者是修道也

東方左耳申乙木西方右耳庚辛金北方眼壬癸水南方口丙丁火中央鼻戊己

土心与耳合多一靈心与眼合多一明心与舌合多一精心与鼻合多一力

丹田為中節足為根手為稍 三節分者九節中三節丹田心胸根三節膝足稍三節

稍三節肩肘手四稍舌為肉稍牙為骨稍指甲為筋稍週身毛孔為血稍舌

要吷齒牙要撥骨指甲要斷筋髮要沖冠三心手心脚心頂心二灣肘灣膝灣

膝灣五音合養喉喝用喝是不動喝令也束躜抖撅模東是身也躜足東

身也抖是順也撅是橫也模是阻也三動重動輕動灵動是也視陽而反陰入

陽起陰蓋點穴法有八蟣田興花点穴氣海穴陽脆穴毒膝穴左綯曲穴右足

亭穴左夾寓右甬寓穴胆大心怒眼觀目頂蹬奔直弓催翻七牟身法注意

磨擠摸押摧胸毋覓卽青蜓黙水掛魚托塔進風炮連珠炮右旋左轉顧上

通天炮顧下摳地炮左挼鞭炮右擂鞭炮

心仁　肝義　肺禮　腎智　脾信

夫將材有九道之以德齊之以禮而知其飢寒之志其勞苦此謂之仁將臨事

無苟免不為利撓有死而榮無生以辱此謂之義將貴而不驕勝而不恃

賢而能下剛而能忍此之謂禮將奇變不測動應多端轉禍為福臨危

制勝此之謂智將進有後賞退有嚴刑賞不逾時刑不擇貴此之謂信將

足輕戎戎馬氣蓋千夫善用外兵長於劍戰此之謂勇將登高履險馳射

若飛進則先行退而後殿此之謂騎將氣高三軍志輕敵強鹵怯於小戰

勇於大敵此之謂猛將見賢若不及從諫如順流寬而能剛簡而能謹此

之謂大將

盤根　旋轉　穿通　冲空　翻浪

盤根三步豈尋閒　配合分明天地人　要把此身高位置　先從本實練精神

丈夫學得孽有手　旋轉乾坤名不朽　豈祇區區堪小試　宏功大業何難有

不是飛仙体自輕　居然電影令人驚　看他挑真高橫势尔是要穿通一尔灵

一波未起一波生　影带神龍水面行　忽然冲空高豪躍　学尔英雄之勇令人驚

從來順理自成章　送則難行莫強梁　寄語聰明人學热水中翻浪細思量

熊意　鷹鷂勢　虎風　鵬情　雷聲

行行出洞老熊形 為要防心膽不仲得喪只爭斯一點真情寄與有情人

撼山何易軍何難 只為堤防戒者完 猛虎艷威頸攪抱其恋依以細恩肩

英雄盖世不驕矜 遇變何妨一學鷹鷂旦取是九秋鷹鷂得意擒完郊兒俊超升

一藝求精百倍功 功成雲路自然通 扶操試看鵬飛勢繞識男兒高博風

奪人從古伏党聲裡 風風退萬兵就是痴情天不怕迅雷震也應驚

風行　葆真　盤根　旋轉

為學封娛力冠神折花拋樹轉風輪饒他七慶雄兵遠一掃空生一路塵

天下金盛慶昇平武事行隨文事精安不忘危危自解於人何事更相爭

根珠相帶陣相因盤結多端須有人猿臂封候誰可恨手鉤一降見其身

翻浪身向天仰射手左右旋轉名不朽果毅既成豈小試唐臣張功看用明證事

何尔一瓶載君輕快諧上殿寺人驚住憑袍盡弩法仙然精旁通萬變靈

冲空　翻浪　熊意　鹰势　风虎

武襄勇力摧生奪得崑崙元夜行直撼將軍天降外沖空霹靂使人驚

落花水面不文章韜畧無須畏强梁八陣陣翻浪千載何不更學海水之翻浪

栢栢寫出老熊形山麓藏身意伸榮祁艾介牙聊一試羣辟刀驚易萬十八

風塵同慶昌答孫飛櫻蒼莽試學鷹勢起空拳同踏羅雄心欲化峯斗

風雲成陣又何難環衛儲胥士卒完蒙馬虎度成西朝續陳師收野可同看

鵬情　雷聲　風行　葆真

武穆能成一百戰功不煩指授自然通翼雲忠以金牌吾鵬情無因轉世風

謹將旗鼓狀軍聲凱唱歡呼退敵兵豈是空談三提武闖雷失骸自應鑄寫

颯爽英姿行有神騰蕃無一碍軼雙輪試看行止真瑕整措顧風聲淨麹塵

梯航萬國頌承平毅奮武揆文事事精繕性葆真涧可樂行將雀鼠聰無爭

手中訣竅

眼上翻屬陰陰氣落在枕骨鼻一搧屬陽陽氣落在腦角用脾氣緊心氣沉

用氣訣法

無物氣行氣行之絕像絕像覺明覺明神氣相通萬氣歸根合成一氣

先定心立法與平素一樣頭頂天足抓先定心空神寧心安清靜清靜無物

十陰出十二翻陽十三翻陰騎馬十三陰到十四回乳十五齊起下地三墩十六挑起迴乳三墩

一陰到中二陽開三陰到中四翻陽回乳五陽出六陰到中七陽開八到鼎九落耳

肝氣頂肺肺氣行肺氣一鴛落腎腰心沉一氣自然成目視自鼻々對臍處々行

遲不可移徹二六連還鎖一點靈光布滿田

週天法

緊採撮骨道內中提尾閭起每節骨王肌難過目視鼎未升田存消息往前尊省

橋路十二時中隆下泡鎖徒忿元陽氣要射丹田海底基一時快樂掛窈窕躬尽反本還源

心自知久練自成金剛体骨病皆除如童子

得真法

渾元一氣吾道成道真莫外些真形真形內藏真精神精神身藏氣輕輕為同

真形求真形頌要真形合形而真形合來有真訣合對真訣得徹炎光養身根

而動心者敵將也養靈根而靜心者修道也武藝雖精竅不真費盡心機枉

勞身祖師留下真妙徵知者不可輕傳人

正不必一拳可到門外得亦不必一脚踢翻陵陽斬英雄好武本樹幹況是將門

三軍冠次羡君親生來自蒜英姿颯爽動里開毋向射固張弓按壁上觀者

咸稱贊更有盤根葆真箪旋轉穿通攻不斷忽然冲空翻波浪鵬虎鷹鷙熊

來天半雷動風行勇且悍凡此諸法在半旦學步邯戰驚歎工夫全費不陵

亂笑余學道未一貫終日只知守書桉安熊與君遊汗漫傳得偉髂好保奥

十八盤兵器

矛鏈弓弩銃鞭鐧劍鏈鐵斧鉞戈戰牌櫓鐋刀 馬戰槍法分聲罵對鐙撲鞭

金剛棍

起手平端往上觀撩衣奮步取耳邊回身一勢支鷗手心捉挑竪柱懸下撩翻

身夾耳棍退步掃堂猴抱杆左撩右打紋膊棍回身前手仍照前點心又挑

監柱懸起外撩耳下掃圓一連猿猴抱樹起掃天閘月護丹田回身撥雲取耳

棍轉麈膊腿升後邊回頭望月拉敗勢一引挑闹取腮邊回挑一勢朝陽棍

順心捉月挑等月邊下護一轉玩月勢上護分林起後邊背打一棍抱鞭勢回身

一挑又拖鞭往外一推點心棍回身寺挑二棍丹田裡一推中心取回身棍面在眼前

左押膊髮挑去心觀右押膊農夫掘井泉返英棍慢來到步觀死怯踢地看東源

後金剛棍 三十六勢

棍法用在全部或橫或直攻御綦行

半月不立整月迷一楊柳枝上挑歸袍回頭押勾臂上點敲平打膊轉吃稍回挑勢

更大可功巧揀不升跌挑刀歸鞘左邊進上下跐樵樵夫劈樹稍虛丹穿堂過

回身點金橋卧勾巧點心棍虛掃堂順悍挑升掛楊柳稍底往上挑肅身步針

施果眉梢回馬棍外挪梢刺明更不饒單點炮往跳臂一勢車輪進步挑分中

棍攬外下邊外順打半月挑趺水畫前掃順水推舟拳一著余素取心愛也但恨不

能側席名師明為徒斗今開此卷不覺喜動眉梢有忘學者尚不勉些卷々斗

五行相生　相尅

大指屬火意心二指屬木為肝中指屬土為脾無名指屬金為肺小指屬水為腎心肝

脾肺腎金生水水生木木生火火生土土生金

金剋木 木剋土 土剋水 水剋火 火剋金 心沉肝呿脾八肺凜腎歛

工農商學均宜習武藝

工農終日勞動工作寧無困倦之時即擇藝學之及精神頓起萬無輕視武也而有

益於健康別無應聲耳朝斯夕斯歲窮年矻矻是以致筋軟骨弱名雖男子寔君處女

幸而發跡無弔可也困寒窗攸往弗行更可慮者近如鄰舍遠如鄉黨其間明礼

循義者固多而禎梗奸猾之徒亦復不少豈能盡遠而尽絕之哉時或與椄微有濁犯

非口出不遜之言即身肆不規之行乃如之人正把人氣殺何不於讀書任商得閒時兼

習武藝務令精熟萬一遇野蠻便其鼻青眼腫甚或奪去為之諺云保住身體真皇

福良非虛語商也將本求利或居貨或行貨勞勞市途僕々津梁拋去妻子客樓你

鄉猶後焉者也假使運阻特乘本俸交折誰其恨之殞財獲我利之會即起窺白之心

有寅夜穿窬盜有路途劫奪尊商也束手無策惟仰天長嘆而已甚至得財傷主尤堪

慟傷假令預練於武只需于起棍落鬆筋折骨斷垂首喪氣真人間快事也句輕

視武余擬是言非為迂闊屢見塵世也夫皆然耳學士也高也各有職業無多餘暇只於入手三拳正棍務精熟斯不足矣何多事歟

岳家棍法迥異尋常剛柔並用有勇知方勤加鍛鍊體魄自強一編行世民族發揚

傳之於口何如奉之於書岳家棍法為不朽矣棍打攬掃劈挑盖架挑轉點打進

功勢攬盖破敵勢攔格禦敵勢動作　鬭挑功破敵械之動作　架扎防衛禦敵械掃劈功敵

動作槍扎一點棍打一片槍怕摟頭棍怕點此却與槍之同功更在鑲頭棍法功用則重在兩端

太極拳無極太極懶扎衣開手合手單鞭提手白鶴亮翅開手合手摟膝拗步手

揮琵琶式進步搬攔捶如封似閉抱虎推山開手合手摟膝拗步手揮琵琶式懶扎衣開手

拿單鞭肘不看捶倒輦猴左式倒輦猴左式手揮琵琶式白鵝亮翅開手合手摟膝拗

步手揮琵琶式三通背閃手合手單鞭雲手高探馬右起腳轉身踢腳踐步打捶翻

身二起披身伏虎式右踢腳左蹬腳上步搬攔捶如封似閉抱虎推山右轉開手合手

摟膝拗步手揮琵琶式懶扎衣開手合手斜單鞭野馬分鬃開手合手單鞭右通

背掌玉女穿梭手揮琵琶式懶扎衣開手合手單鞭雲手雲手下势更鷄獨立倒輦猴

手揮琵琶式白鵝亮翅開手合手摟膝拗步手揮琵琶式三通背開手合手單鞭雲手

高探馬十字摟蓮進步指膛捶退步懶扎衣開手合手單鞭單鞭下势上步七星下

步膝虎轉角擺蓮灣弓射虎雙撞捶陽陰混一無極還原

打手用法打手步法打手起點甲打手起點乙打手合乙擺手甲擠手乙

繃手乙按手甲繃手乙按手乙擺手甲擠手乙繃手二八打手換式二八打手

活架法附余甯氏五字訣與撒放密訣蓋主架打手行工安言太極拳下卷終、

無極學、無極者當人未練拳術之初心怡怗思意無所動目無所視手足無舞

蹈身體無動依陰陽未判清濁未分混混囤々一気渾然者也夫人生於天地之間

稟陰陽之気性本有渾然之元気但為物欲所蔽於是拙々気拙力生焉加以内不知

修不知養外以致陰陽不合内外不一陽盡生陰陰擅必蔽亦是人之無可如何者惟

至人有逆運之道轉乾坤掇気機然以後天迅先天化其拙気拙力引火歸系

氣聚丹田於是有拳術一氣者即太極也十三勢之作用研究一氣伸縮之道所無

極而能生太極者是也十三勢者掤攦擠按採挒肘靠進退顧盼定也掤攦擠按即

坎離震兌四正方也採挒肘靠乾坤艮巽四斜角也無即八卦之理也進步退步左顧

右盼中也即金木水火土也此五行也合上述之四正四斜為十三勢此太極拳十三勢之所

由名也其中分為体用以太極架子進退顧盼定言謂之体以掤攦擠按採挒肘靠言

謂之用又或以五行謂之經八卦謂之緯隱而言之由內外体用一氣而已以練架子為知

已功夫以二人為手為知人功夫練架子時內中精神氣貫能全身圓滿無虧練法

時于足動作要在週身灵活不帶先達云終朝每日長纏子功久可以知彼知己能

制人而為人所制也

無極玄門劍點刺撩掛剪掃鋼挑

無極學圖解式起　　點面向正方身子真立兩手下垂兩肩不可往下用力不要要自然

兩足為九十度之形式如圖是也兩足夫無不用力抓扣兩足後根亦不用力蹬扣身手如同豆在沙

漠之地手足亦無往来動作之節制身忩未知兩合項勁之灵活們其自然之性流行之忩恕空之洞

由甲所思外所听视仲霸往来进退动作循环朕兆乙霸手学高解乙再霸接甲再攔按 肩前章之深序

打去循环不离同道而复始气毋贯通二人如同一个太极高形动作相似迫来复去西裏前亮之间断贯通便

打来换式法要换右式六换为右足在前打手侯去攔时甲不用攔手速用自乙右手将乙之右手住恒带将左手意速

绕在乙之右胳膊肘上遶两手如前式攔法相同攔去左足与右手住恒带时间时撤至右足复遶落下与左歩法相同乙

乃即速进一右足用攔法两手如左式攔法相同以後甲再打攔法授法乙再打攔法仍与左式循环盡端之式相同

此皆迁初学手打手换式之法侯熟習之後無可以左右式随便更换不拘矣

起勢亡起昆龙起云（五）見太陽

一抱一降把身藏

搖頭進手風雷繞雲

落手連環上下防

左進青龍捉物陽

撤花足鑽伏犁陽

回來鵬與足起蛇打天陽

凤花鑽起相如太陽

座剪起坤守城十

揉膝連肩劈兩旁
進步滿堂飄白雪
回身野馬去思鄉

原文十六句，現遺失兩句。

刀訣

第二篇 解读、技法与健身

第一章

作者按：学习戴传心意拳，必须正气十足，必须把儒家的浩然正气真正渗透到骨子里，溶化在血液中。儒家倡导的五德——仁、义、礼、智、信，与释、道两家践行的"慈"，都是把心性修养和道德伦理放在为人处事的首位，本质完全相同。正气具有强大的精神力量，可以激发练好拳的强烈欲望，可以成为学习好、工作好、做好人的强大动力。把原谱第 20 章放在增订版第一章解读，原因在此。

家父告诉我，从 1924 年开始，他在跟戴魁生活的 24 年中，戴师无数次地讲解《心仁肝义肺礼肾智脾信》这一章，结合岳飞辉煌而悲壮一生的实例，讲述他既儒雅又有男儿血性的故事，句句打动人心。1963 年秋季，家父教我练拳伊始，延用了戴师的教法，激励我"精忠报国"的雄心和正气，那热血沸腾神色凝重的情景，至今历历在目。

下面解读分两个层面，一个是对原文的解读，一个是结合岳飞不朽生平的实例深度解读，彰显这一章的光辉文字，不是空洞的表白，而是用岳飞和岳家军的生命和鲜血铸就，或者说，是岳飞一生真实的写照。

一、原文　心仁肝义肺礼肾智脾信

夫将才有九，道之以德，齐之以礼。而知其饥寒，悉其劳苦，此为之仁。将临事，无苟免，不为利挠，有死而荣，无生以侮，此为之义。将贵而不骄，胜而不恃，贤而能下，刚而能忍，此为之礼。将奇变不测，动应多端，转祸为福，临危制胜，此之为智。将进有厚赏，退有严刑，赏不逾时，刑不择贵，此谓之信。将足轻，戒戎马，气盖千夫，善用短兵，长于剑戟，此之为勇。将登高履险，驰射若飞，进则先行，退而后殿，此之为奇。将气高三军，志轻敌强，卤怯于小战，勇于大敌，此之谓猛。将见贤，若不及从谏，如顺流，宽而能刚，简而能谨，此之谓大将。

二、解读 心仁肝义肺礼肾智脾信（一）

（1）解决军机要务，要站在国家利益和人民利益的高度，关心士兵的生活，体贴他们的艰苦，这是仁。

（2）遇到大事，德义为先不可失礼，对现实问题不可回避，尤其不能受到利益的干扰，以敢于牺牲为荣，以贪生怕死为耻，这是义。

（3）可贵的是，打了胜仗不骄傲，更不能居功傲物，即便有才能打了胜仗，也要把功劳归于下属，性格刚强遇到诽谤，能够忍耐、顾全大局，这是礼。

（4）战场上看到敌方奇异变化，难以测算作战策略，要制订多种应战方案，转被动为主动，化险为胜，这是智。

（5）打了胜仗必须奖励，临阵逃脱必须严惩。奖赏要及时兑现，惩罚临阵逃脱者不分身份高低，这是信。

（6）行军作战讲究轻刀快马，力戒重装华而不实。战斗意志压倒敌人，善于短兵相接，刺刀见红，这是勇。

（7）处在高处并且暴露了部队是危险的，此时应急速射箭，先发制人消灭敌人，为部队转移到安全地带打下基础，这是奇。

（8）全军战斗意志始终保持高昂，战略上藐视敌人，去掉畏惧和打小战的情绪，敢于跟敌人决战，这是猛。

（9）听到好的意见及时采纳，顺军心民意，宽厚刚强，朴实严谨，这是谦。

具备以上仁、义、礼、智、信、勇、奇、猛、谦的素质，才是将才。

三、解读　心仁肝义肺礼肾智脾信（二）

"靖康"元年是 1126 年，"靖康"是北宋最后一个皇帝宋钦宗赵桓的年号，这个年号历史上只存留了不到两年。

女真族是中国东北一个古老的民族，是今天满族的祖先。公元 12 世纪初，女真族吞并了辽朝，建立了金朝。金朝有强烈的掠夺性，灭辽后，看穿了宋朝统治者贪图享乐、腐败无能、一味求和，又重文抑武，便大举攻宋。

1125 年，金军分两路南下，西路由左副帅完颜粘罕（汉名宗翰）统兵 6 万，从大同南下，进攻太原。东路由右副帅完颜斡离不（汉名宗望）统兵 6 万，直取燕山；守燕山的原辽将郭药师投降倒戈并充当向导，进逼宋都开封。

宋徽宗赵佶闻讯，将皇位传给长子赵桓，自己逃往南方，继续沉湎在醉歌酣舞之中。

靖康二年 4 月，即 1127 年 4 月，完颜粘罕和完颜斡离不各率自己的军队会师，攻破开封城，俘虏了宋徽宗和宋钦宗父子，北宋灭亡。这场浩劫就是历史上著名的"靖康之变"，也称"靖康之祸""靖康之难"及"靖康之耻"。

在"靖康之耻"这个大悲剧中，金人掳走十多万宋人。被掳走的汉人命运极其悲惨。对徽宗的爱妃王婉容，有个金将当面将其奸污。钦宗的朱慎妃在途中方便时，被一个军官拉出来凌辱。完颜粘罕回到北方后，觉得掳来这些人用处不大，公开下令，一次活埋了 3000 人；许多妇女赏赐给军人，成为女奴。不久又觉得女奴无用，就拿去和西夏人换马，一般十个女奴换一匹马……

讲到这些的时候，家父告诉我，戴魁眼里常常挂着泪花，正气与悲奋之火在胸中熊熊燃烧。从戴龙邦至戴文量、戴文勋到戴良栋，再到戴魁，都是沉浸和感悟着这段悲壮的历史而奋发练拳。王曾瑜，1962 年毕业于北京大学历史系，师从当代著名历史学家、中国宋史研究泰斗邓广铭先生，在他的著作《岳飞新传》第二版自序中有这样一段话：

"我在'文革'后期开始撰写岳飞传记时，约为 35 岁，当时恶劣的社会政治环境，使自己感世伤时，真有一种古今祸难相通之感。如今转瞬间已是花甲之年，而那种古今一揆的感觉不仅没有淡漠，反而更加浓烈。我痛感中华民族过于多灾多难，数千年间，供奉在专制主义祭坛上的牺牲过于惨重。时值今日，中国改革开放取得多方面的显著成效，但社会积弊甚多，仅以此作，以为对祖国和中华民族的菲薄贡品，希望对祖国和民族的未来起一点微小助力。愿岳飞的崇高品格和伟大的爱国主义精神，激励我们中华民族的后代子孙，为着祖国的民主、进步、统一和富强，进行新的远征。"

对这段话我深有同感。在武功上的真才实学，就是要有一招致敌于死地的血性技能，练功时前面有假想敌为必然。如同一个国家，不管多么发达和富有，没有足够武备，迟早会遭到欺凌。要达到这种能力，务必正气凛然。正气可以转化为学文化、学科技的强大动力，并且要站在世界科技与文化的前端。岳家军攻无不克，战无不胜，以少胜多，因素是多方面的，其中"技法"极为先进、极为科学，往往鲜为人知。岳家拳技法的先进和科学性，从现代量子力学的角度分析，仍有强大生命力。《拳谱》第七章说"心与眼合多一明，心与舌合多一精，心与耳合多一灵，心与鼻合多一力"，就是指的交战中信息全面准确。这是冷兵器时代的要求。引申到现代信息战中，把心与眼、舌、耳、鼻的作用通过科技手段延长：大气层以外有卫星，大气层以内有网络，地面海面有基站，用户有终端，形成天、空、海、陆一体战。我国从最北的漠河到最南的曾母暗沙，从最西的新疆到最东的东海，广阔的领土领海领空，全军统一了时钟。在战役中应用岳家军独有的在其他武术文献中从未披露过的"一字令"绝技，即同一瞬间完成七个动作要领，任何强大的敌人不过都是"金兀术"，都会被即刻摧毁！

深入探讨武术功力，会发现正气可以通灵，使功力增长很快，这方面内容在胡孚琛先生所著《丹道法诀十二讲》中有深入浅出的阐述，是中国武术爱好者不得不读不得不学的文献。

岳飞的浩然正气和悲壮一生，在1142年被汉奸、卖国贼宋高宗赵构、奸相秦桧害死前，就已经建立了不朽的功勋。1130年，收复建康，将金军横扫出江南地区。1140年，获得郾城、颍昌大捷，一举击溃金军主力，使宋金强弱易势，金国灭宋的计划彻底破产。从此，才为南宋打下立国一百多年的基础，保证了中国南方社会的安定、生产的发展、科学技术的发达和经济文化的繁荣。

岳飞使心意拳升华到儒家倡导的"五德"境界，树立了军事上"通经致用"的典范。戴魁跟家父同住一个大院，晚上两人练拳，尤其是抽两口大烟后，精神倍增，戴师都要讲岳飞的故事。岳飞短短的39年生涯中，将一半的生命都贡献在收复国土、抵抗侵略者的战争中。

史载，岳飞熟读《左氏春秋》《孙子兵法》等古代兵书。孙武说："将者，智、信、仁、勇、严也。"（《孙子校释·计篇》，1990年军事科学出版社。）本拳谱《六合拳序》中，岳飞的上级张所问他用兵之术，他回答："仁信智勇严，缺一不可。"

岳飞将"五德"的顺序调整，把"仁"放在第一位，当然是受儒家思想的影响，但是实际并不那么简单。综观岳飞的文韬武略，邓广铭先生在纪念岳飞诞生890周年国际学术研讨会上的一段发言很衷恳："从英雄造时势方面来说，一个出身于农民家庭且曾经在大户人家做过庄客的岳飞，在从军之后，从他仅仅是一个低级将校到跻身于张、韩、刘等大将之列，一直是以军纪严明、秋毫无犯著称的。这固然体现了岳飞的治军有法，而从更深层的意义上看，则更意味着他对这场民族灾难具有深刻的认识，意味着他对苦难中的同胞要加以拯救的心愿，要使整个民族、连同此民族所建造的高度发展的文化，得免于遭受摧残蹂躏的种种问题。这不能不说，在维护中华民族的传统文化方面，他以一介武夫而立下了冠绝一代的大功，实乃值得我们永远纪念的英雄业绩。"

这段衷恳的话说明，没有浩然正气，没有远大抱负，不可能有这样的思想境界；有了这样的思想境界，爱士兵爱百姓便是顺理成章的事。历史记载，岳飞常住茅屋军帐，与士卒同甘共苦。士卒伤病，他亲自抚问并且协助熬药；士卒家庭困难，让相关机构多赠银帛；将士牺牲，厚加抚恤；其夫人李氏亦时常慰问将士遗孀。

岳家军的士兵都来自农家，对士卒仁爱的延伸便是对劳苦大众的仁爱，岳家军所到之处，公平买卖，秋毫无犯，绝不扰民。每到一地，岳飞会亲自率十数骑兵到周边巡视，检查军纪执行情况。一次行军，岳飞发现一所新盖的店屋上缺少一片茅草，便询问店主，店主说"屋顶上本来就缺一片茅草"，岳飞不信，后来查出是一个士卒所为，在店主全家为之哭泣求情下，才使其免于处斩，改打一百军棍。岳家军"冻杀不拆屋，饿杀不打虏"，体现出对老百姓大仁大爱的严明军纪，秉承着中华民族的传统正气。

岳飞的"义"突出表现在反对外国野蛮侵略者、维护国家统一毫不动摇的坚定立场上。宋徽宗和宋钦宗于1127年4月被俘，被金军押送北方后，1127年，钦宗之弟赵构5月即位于南京（今河南省商丘县），改年号为"建炎"，成为南宋第一位皇帝"宋高宗"。

建炎元年，岳飞上书《南京上高宗书略》（选自《岳忠武王集》），内容如下：

陛下已登大宝，黎元有归，社稷有主，已足以伐虏人之谋。而勤王御营之师日集，兵势渐盛。彼方谓我素弱，未必能敌，正直乘其怠而去之。

而黄潜善、汪伯彦辈不能承陛下之意，恢复故疆，迎还二圣；奉车驾日益南，又令临安、维扬、襄阳准备巡幸。有苟安之渐，无远大之略，恐不足以系中原之望。虽使将帅之臣戮力于外，终亡成功。

为今之计，莫若请车驾还京，罢三州巡幸之诏，乘二圣蒙尘未久，虏穴未固之际，亲率六军，迤逦北渡。则天威所临，将帅一心，士卒作气，中原之地，指期可复。

这篇上书全文已佚，这里是原文的节录。从这段文字里可以看到岳飞对国家命运的关心，对金人侵略的仇恨，对投降议和派贪图苟安的憎恶和至大至刚的正气。这一年岳飞24岁。

岳飞始终如一的抗金主张极其坚定，如1139年元旦，赵构为庆祝"绍兴议和"成功，下诏大赦。岳飞乘机呈《谢讲和赦表》，继续表明坚决反对议和的态度，再次申明侵略者绝不可信，指出屈膝称臣可耻，声明自己复仇报国壮志：

"臣愿定谋于全胜，期收地于两河。垂手燕云，终欲复仇而报国；誓心天地，当令稽颡以称藩！"

宋高宗赵构、宰相秦桧一味追求享乐，荒淫无度，置百姓社稷安危于不顾，与侵略者议和，造成与主战派岳飞等人的矛盾越积越深。

1140年，金朝兀术掌权后，大举南侵。金兀术倾其主力对岳飞统帅部所在的郾城、颍昌进行决战，被战技精良战力强大的岳家军击溃，金军恃为无敌的"拐子马"和"铁浮图"亦被粉碎。岳家军乘胜追击，追至距开封 45 华里的朱仙镇，金兀术悲叹挫败！金军惊呼"撼山易，撼岳家军难！"此时黄河以南中原失土百分之九十光复，在岳飞"直捣黄龙，壮志饥餐胡虏肉"的壮志即将实现之际，宋高宗赵构和奸相秦桧连下十二道金牌迫令岳飞停止进攻返回驻地，致其十年之功毁于一旦！尔后 1142 年以"莫须有"的罪名将岳飞冤狱残害！

专制制度的根本危害在于它对权力的极端自私性、独占性和排他性。研究"念力"的美国学者琳内·麦克塔格特在《念力的秘密Ⅱ》中第 102 页有这样一句结论："拥护个人至上，实际上是一种以我为尊、充满剧毒的身心状态。"赵构、秦桧正是如此。

我们应该清醒地看到，以儒家为核心的中国传统文化有超越专制思想的一面，统观岳飞的思想，就包含有"民主、平等、人权"等普世价值的元素，这也是岳家军"浩然正气"、战无不胜的思想源泉。

岳飞践行"礼"，大多反映在他"爱才、惜才、用才"方面，喜欢跟有学识的人谈论历史和现实，增长知识和才干。本拳谱《六合拳序》中有这样的话："平身好贤礼士，博览经史，雄歌投壶，恂恂然如书生。"

南宋初年，兵荒马乱，社会动荡。在史称中兴四将的刘光世、韩世忠、张俊、岳飞的军营中，都有一些文职官员。建炎四年（1130），翰林学士汪藻上书朝廷，认为在军中收养大量"非战士"是一大弊端，而岳飞军中最为突出。

汪藻只知其一不知其二，很不公允。岳飞收养这些人，并不是让他们吃闲饭、干拿薪的。跟这些文士们经常交流，岳飞的文化水平和历史知识不断提高。1131 年，在谈及纷乱的时局时，有人感慨说道："天下纷纷，不知几时才可太平！"岳飞直截了当地回答："只要文官不爱财，武官不怕死，天下自然就会太平！"（《金佗续编》卷 28，吴拯所记《鄂王事》）这个回答，成了千百年来传诵极广的名言。

为了严格要求自己，岳飞坦率地跟文士们说："我被主上拔擢到这般地位，倘若犯了这样那样的错误，被你们这般儒生们写在史书上，那是万千世都不会涂抹得掉的。所以，我如果有了过失，诸公千万见告才是！" （《金佗续编》卷27，黄元振《岳武穆公遗事》）

从这两件活生生的实例中可以看出岳飞珍惜名节、不贪钱财的浩然正气。

岳飞要求练习心意拳的将领必须符合九个方面的要求，其中第四个要求是"智"。这里举两个例子。

靖康元年（1126），太原守卫战坚持了250天左右后失守，守城将士粮尽力竭，几十万居民大都饿死。岳飞戍守的平定军与太原毗邻，岳飞奉命率一百多名骑兵，前往太原所辖的寿阳县、榆次县侦察。行军路上，猝然与一支金军遭遇，骑兵们有些畏怯，岳飞单骑突入，杀死几名敌人骑兵，金军败退。岳飞乘着黑夜，换上金军装束，潜入敌营，走遍营寨，圆满完成了侦察任务。上级为此将岳飞由偏校升进义副尉，这是不入品的小武官。

建炎四年（1130），岳飞28岁已升为一军之长，进驻宜兴县。在宜兴县境有三支土匪。马皋和林聚两支各几千人，岳飞派人劝降，得到了成功。另一支土匪名叫张威武，不肯投降。岳飞单骑闯入他的巢穴，乘张威武惊愕之际，施展"一字令"绝技，将他斩杀。

宜兴对岳飞来说是一块宝地，岳飞在建炎三年独立成军，选择了这块"三面环湖，一面通路"的好地方。从此，岳飞部下近两万健儿在这里扎根，勤学苦练，让这里成为一所新型的军事学校。他们来自五湖四海，有饱经风霜的西北老兵，也有慕名投奔的江南子弟。他们来这里的是首先学习的是做人，要求成为一个有正气的赤胆忠心抗金救国的爱国战士，同时学习军事，学习心意拳，练就一套身手不凡的杀敌本领。部队驻扎宜兴后，社会秩序大大好转，附近县邑的一些民众纷纷搬到宜兴居住。

所谓"信"，指为人诚实，说话算数。岳飞的军队，小善必赏，小过必罚，勤惰必分，功过有别，故在部队形成一种雷厉风行的军风。

绍兴元年（1131），岳飞讨伐李成，途经徽州，有百姓举报他的舅父姚某横行乡里。岳姚氏是岳飞的母亲。岳飞当着母亲的面批评舅父说："舅所为如此，有累于臣，飞能容，恐军情与军法不能容。"其母也对弟弟作了一番规劝。不料姚某怀恨在心，竟向岳飞施放冷箭，射中鞍桥。岳飞抓住姚某，将他杀死，并向母亲解释说："若一箭或上或下，则飞死矣。飞为舅所杀，母虽欲一日安，不可得也。所以中鞍桥者，乃天相飞也。今日不杀舅，他日必为舅所害，故不如杀之。"母亲觉得此说有理便就此罢休。（《会编》卷144，《要录》卷41，绍兴元年正月乙酉）

岳飞果断处死亲舅一事，可以看出对违反军法的人当仁不让的浩然正气。

胡孚琛先生在《丹道法诀十二讲》中卷第305页中有这样一句话："在中国哲学中，即使将天、地的内容包括在一起的自然之天，也和西方哲学中的'自然界'不一样，中国哲学家认为自然之天也是有灵性、有意志的，人不能逆天而行。"书中第315页又说："在内丹学中，道德本身就是一种可以作用于人体的生命力和心灵能量，譬如仁、义、礼、智、信分属木、金、火、水、土，可以分别作用于人体的肝、肺、心、肾、脾，故修养道德，可直接炼养五脏之气。"

这揭示了人的正气和"五德"及五脏之间的内在联系。

孙中山称岳飞为"中华民族的精神代表和民族魂"。明末清初的戴龙邦得心意拳真传和岳飞拳谱，开设"镖局"保社会一方平安，史称"华北第一镖"，威震天下。戴氏家族世世代代把岳飞的精神、品质、正气作为学习的楷模，把"尽忠报国"列为家训。在社会风气持续下滑的今天，当今学习岳飞拳术者，更必须把正气、武德看成首要不可动摇的铁的原则；更必须把优秀传统文化看成社会责任、家庭责任秉承和担当；更必须把学习、运用岳飞思想、精神践行到振兴中华的历史进程中。如此，中华民族一定会顶天立地屹立在世界东方。

第二章

一、原文　周天法

　　　　紧撮骨道内中提，尾闾起搁节骨意。

　　　　玉肌难过目视鼎，未到丹田存消息。

　　　　往前又是省桥路，十二时中隆下池。

　　　　锁住心元阴阳气，要到丹田海底基。

　　　　一时快乐无穷尽，反本还源心自知。

　　　　久练自成金刚体，百病皆除如童子。

二、预备知识

　　本章是道家为追求长寿炼养身心的口诀。道家术语繁多，为便于理解，仅对本章涉及的道教中的术语进行注释。本章炼气的气，主要有两层含意，一是先天精气，禀受父母。先天精气依赖于肾藏精气的生理功能。二是后天精气，来源于饮食中的精微物质和自然界的清气，依赖于脾胃的运化功能和肺的呼吸功能。

　　骨道：肛门，"骨"是错字，应为"谷"字。

　　尾闾：任脉上的会阴穴。男性在阴囊根部与肛门的中间；女性在大阴唇后联合与肛门的中间。间，门户之意。

起掴：从一侧掀起沉重的物体。"撅"等同于"掴"字。

玉茎：阴茎。

鼎：中国道教内丹家坚信天地是一大炉鼎，人体是一小炉鼎。鼎，是古代烹煮用的器物。这里可以理解为人头颅中的泥丸宫，在眉心与后脑之间，是一空窍，为神灵所在地。在佛教中，此处为松果体，是退化了的人"第三只眼"，也称"天目"所在地。

消息：能量。现代研究证明，流动在人体中的内气是物质的、具有能量的。

十二时：一昼夜分为子、丑、寅、卯、辰、巳、午、未、申、酉、戌、亥十二时辰。如二十三点至凌晨一点为子时；上午十一点至十三点为午时。

下池：中丹田。

三、《周天法》解读（一）

练功时，在完全入静、放松的状态下，强大的意念要从自身内部紧紧提肛，在意念的导引下，从会阴穴开始，把24个脊椎的骨节从下向上一节一节像抬箱子一样抬起来。

内气从会阴穴开始，向上沿着督脉运行至夹脊穴、玉枕穴、百会穴、承浆穴，再沿着任脉下行至上丹田、中丹田、下丹田，如果不能形成闭合循环，以及内视方法也不能把内气沿着玉茎输送至头颅，那么能量就不会储藏在丹田中。

如果内气从会阴穴一路畅通到达泥丸穴（宫），顺利下行，那么，舌挺上腭后，上嘴唇系带与齿龈相接处的龈交穴连成一体，就像在口腔里建了一座桥，把任、督两脉连接起来，内气便可以滚滚循环流动，一天十二个时辰中任何时刻，内气的能量都能够充分储存在丹田中。

同时，屏闭住心脏固有的阴气和阳气的能量，一同输送到丹田中，丹田中的能量就像在海底筑起的基础一样牢固雄厚。

这个时候，你会感受到无比轻松快乐，像孩童一样无忧无虑，心里会明白原因。

长久用周天法锻炼，可以使每个细胞都充满能量，如同金刚体一般，所有的疾病都会去除，像健康的童子。

四、《周天法》解读（二）

道家始祖老子（太上老君），原名李耳，是春秋时期楚国人。唐韩愈《师说》中有："圣人无常师，孔子师郯子、苌弘、师襄、老聃。"其中的老聃就是老子，可见老子早于孔子，距今已有近3000年历史。

道教气功是一个有完整思想、理论和方法组成的体系，以"天人合一""重人贵生""我命在我不在天"等思想观念为核心；以阴阳、五行、易理以及中医脏腑经络学说等为理论基础；以服气、胎息、存思、导引、内丹、守一等为实践方法，构成了一个完整体系，成为中国传统文化的光辉篇章，科学内涵极为丰富。

道教气功跟武术结合，是中国武术的一大飞跃，岳飞的贡献十分突出。著名历史学家邓广铭教授和王曾瑜教授在《岳飞传》和《岳飞新传》中都不约而同地提到岳飞对于奔赴战场士兵的要求："只要拿枪拿得稳，能运用自如，心里不战战兢兢，口中有唾液可咽，便称得起勇敢的人了。"（见《金佗续编》卷30）

岳家军可以在平原战场上跟当年世界上最强悍的金国骑兵对垒，并且有胜无败，足以说明岳家军更强大！"口中有唾液可咽"一语泄露了天机。原因是炼周天法的战士，浑身气血旺盛，唾液充沛，内劲十足，在"紧撮谷道""舌挺上腭"的情况下，施展"一字令"突爆突收的技法，速度如闪电，能量瞬间集中爆发，在跟敌人贴身搏斗中必然占有压倒性的优势。

我个人体会，不炼周天法时，除用餐外，基本不产生唾液。青壮年时期炼周天法，一个循环下来，都会有6次左右产生唾液，约十秒钟产生一次，同时伴有从脚部向上升腾的灼热感，身上好像憋足了使不完的劲。如今我72岁了，坐在或站在公共汽车上，闭上眼睛炼习周天法，一个循环下来，从脚部热气上窜的感觉依旧，口腔会有四次左右的唾液产生，脑力和体力似乎不减当年。心五行上属火，肾五行上属水，口腔里的唾液为心之液，中医学上称为"金津玉液"，唾液咽至两肾，谓之"水火既济"，可使人体内气更加饱满，耳聪目明，精神倍增，属于戴传心意拳气功中自然产生的特有现象，跟岳飞对开赴战场士兵的要求完全一致。

世界著名生物遗传学家牛满江在练习过道家气功后，感同身受，有一段精彩的体悟："金津玉液，补肾生精的亏损回补是所有疾病的终极康复之道，这是道家千年养生的秘密！古代叫'取坎填离'，所以我们看古人造字多么聪明，'活'字怎么写？是不是舌头底下有一口水就活了？"又说："中国道家内丹养生长寿术是从增加生命之源入手，是细胞长寿术、返老还童术，系生命科学千真万确，千真万确。我习练中国道家内丹养生长寿术已四年，受益匪浅，真诚希望此术能在世界开花，使全人类受益。"

牛满江的真诚希望比胡耀贞大夫传播道教养生健身术晚了60年！比戴魁教授家父晚了90年！比岳飞教授岳家军习练心意拳的将士晚了近1000年！令人深感痛心的是，当下具有非物质文化遗产传承人光环的"武术家"或"武术教练"，竟连周天法的皮毛都不懂，更不用说实际练习了。我没有责备任何人的企图，因为这是时代使然，只是祈盼博大精深的中华文明再不能被浮浅谬误的所谓"放之四海而皆准"理论遮掩而失去应有的光辉。

胡耀贞和牛满江践行和倡导道家内丹养生长寿术，跟岳飞传下来心意拳谱明确记载的《周天法》技法，有关联也有不同。

1972 年，家父在拜读过胡耀贞著作《气功》和《保健气功》两部书后，曾经跟我说："胡大夫继承了戴家的医术，属于保健治病类气功；拳谱上的《周天法》属于武术类的气功；武术类气功比保健去病类气功更实用，更有效果。"还说："胡大夫用气功治病，疗效良好；尤其是 1958 年在北戴河疗养院临床，名气更大了；把道医的养生方法推广到全民保健功德无量！"由于胡耀贞大夫对禅功也有造诣，所以家父让我去找胡大夫多学一些知识。当年，家父跟戴魁练拳从来不说，知道的人很少，胡大夫认识家父但不知道他是戴魁之徒。心意拳极度保密，举一个例子：新中国成立前布学宽是太谷县有名的形意拳大师，他知道家父是戴魁的徒弟，于是到太谷县城家父经营的商铺中"切磋"拳艺，布学宽在展示了一番拳脚后，要求家父也练一下，家父回答是"跟你的差不多"，根本不露本拳；布学宽又到晓义村找到戴魁，戴魁用同样的方法应付；后来社会上便流传"戴魁心意拳没东西"的流言。实际上布学宽的拳术由李洛能一系传下，而戴家从不认为李洛能的拳法是戴传心意拳。

当年，戴魁在教授家父周天法的时候，特别强调道教中的内丹学十分重要，"丹"可以理解为人体中最宝贵的精华物质，男性"精液"就是这种最宝贵的活性物质，对于炼心意拳气功的人，必须倍加保护与珍惜。"万恶淫为首，百善孝为先"，伴随练习周天法的岁月，戴魁经常用这句话告诫家父，家父又经常告诫我。

戴家把"尽忠报国"列为家训。戴魁说起宋史滔滔不绝，对南宋卖国皇帝荒淫无度痛恨得咬牙切齿，对岳飞爱民爱国的壮举佩服得五体投地。其中讲到，岳飞生活检点，维护一夫一妻传统，跟练习周天法有相当大的关系。

岳飞于 1118 年与 16 岁的刘姓女子结婚。1119 年长子岳云降生，由于连年饥荒，不满 20 岁的他不得不强忍悲痛，背井离乡，去当兵谋生；从军后岳飞的军事才能很快显现出来，十年后已经跻身于中兴四将韩世忠、刘光世、张俊之列；屯军宜兴时才派人回老家把母亲和妻儿接来，这时他才知道刘氏已经改嫁。岳飞只觉得自己很对不起家人，一点也不责怪刘氏。这种背景下，他才娶了李氏为妻。岳飞官居两镇节度使，俸禄优厚。韩世忠、刘光世、张俊等将帅都是妻妾满堂，纵情享乐，唯独岳飞不近女色，没有姬妾。川陕宣抚使吴玠为了洽商军务，派一名使臣到鄂州军营中来，岳飞设宴。这位来客以为在宴会上像其他大将招待客人一样，必有歌姬舞女；却不料直到宴罢，并不见一个女子。使臣回去后，把情况告诉了吴玠。吴玠为求得与岳飞建立更好的关系，以两千贯钱买了一个年青貌美的"士族女子"，并委派两名使臣的妻子把她送到鄂州。岳飞没有跟这三个女子见面，而是把她们安排在一间房内，隔着屏障跟她们说："我这一家人，穿得全是粗布衣服，吃得全是粗菜和面食。娘子能共得这种甘苦，过得来这种生活吗？如果能就请留下，如果不能我却不敢相留。"房间里没人问答，而是传出吃吃笑声。岳飞就这样委婉辞退了吴玠送来的女子。（见《金佗续编》卷27，黄元振《岳武穆公遗事》）有人劝岳飞说："吴玠白送一女子，为什么不留下来以此跟他结好？"岳飞回答："吴玠对我很厚。然而国耻未雪，难道能够安时享乐嘛！"吴玠得知此事，更加敬佩岳飞（见《金佗粹编》卷9《遗事》）。

岳飞实修周天法，还可以从他从军不足20年打了近200次左右的战役做出判断。每次战斗前，岳飞总是召集全体统制官，共同商讨，研究敌军可能击败我军的各种方案，大家殚精竭虑，谋定而后采取行动。岳飞在战斗中经常身先士卒，冲锋陷阵在第一线，从而激励岳家军全体将士的斗志，成为每战必胜的条件之一。如果岳飞没有通过练习周天法得到"金刚体"一样的内功，没有超强的能量，没有一招置敌于死地的技法，那是不可能立下击溃金军主力的赫赫战功的，岳飞也就不成其为"中华民族的精神代表"和"民族魂"了。

胡耀贞《气功》一书，不是"长篇巨著"，然而字字句句都是"干货"，含金量很高。家父之所以认定胡大夫继承了戴家的医术，原因是在练习周天法过程中，与戴魁解析的原理、技法、实效等完全吻合。如先天之气，是人从有胎至出生由母亲体内带入胎儿体内之气，也是中医所说的先天之气。胎儿在母腹内，通过脐带把母亲血液中的营养送到体内，才能发育成长，这种先天之气也包括在内，婴儿出生落地，剪断脐带，一点真阳（灵气）归入脐内，亦即此先天之气归入体内，按古人的说法："真阳在，人命在，真阳散，人即死。故称脐为命之蒂。"所以丹田是人生命的根源，炼气功就是要炼由丹田归入体内的先天之气。

如在意守丹田的作用方面，按照中医五行来说，丹田是中央戊己土（戊 wù，天干的第五行位；己 jǐ，天干的第六位），这一穴通五脏六腑、十二经十五络。古书上又说："用心意集中于丹田内，先吸后呼，一吸百脉皆合，一呼百脉皆开，呼吸往来百脉皆开，气血流畅百病皆除。"

又如，炼气功主要炼的就是精、气、神，炼精是其目的之一，就是要"生精养精"，生了精以后，倘若不会保养而任其损耗，这倒不如不炼。随后，胡耀贞根据临床经验，总结出不同体质不同状态的个体炼功的多种多样技法，重点介绍了行之有效并易于掌握的三种炼精化气法。

其中首要的一种方法叫"吸、贴、捉、闭"四字诀练功法。这个方法历来的说法有很多。有的说"吸、捉、撮、闭"，有的说"吸、抵、捉、闭"，也有的说"吸、贴、捉、闭"。我们认为第三种说法符合实际。因"吸"是指"吸精""吸气"；"贴"是指舌头搭桥（即贴上腭），如果只是舌头抵上腭而不用力贴住，这还不行；"捉"是指"提肛、提会阴、提尾闾、提手脚"；"闭"是"闭住气"，指的是闭住穴中之气，至于口鼻之气仍要忘掉，不必管它。阳举时如果闭不住穴中之气，问题还不容易解决。弄清这四个字的含意和内容，按法炼之即可生效。

具体炼功的方法是：先意守丹田，然后用意由龟头经丹田向会阴吸，由会阴提过尾闾，同时闭嘴，咬牙，舌贴上腭，捉紧手脚，缩紧肛门并上提，再用意由尾闾往上吸，经夹脊、玉枕，过泥丸到上丹田守住。守片刻，连同口中津液下咽到丹田。如此做三次，阴茎即软。

在家父读过胡耀贞著作并让我去找他的那些日子，家父对胡耀贞把道

戴传心意拳秘谱解读

教的强身健体之术用于临床很是赞扬，誉之为"功德无量"，然而又认为，跟拳谱中的《周天法》比较，"效果和结果"都"弱化"了，远不如拳谱中的炼法。

当时，我没有问"效果和结果"都"弱化"的原因。现在，从 1972 年至 2017 年，已经过去了 45 年，想起这个问题，这里进行一下解释：所谓"效果弱化"，指"吸、贴、捉、闭"四字诀炼功化气的方法不如《周天法》中"嗓、挺、搁、回"四字诀"强"。可以比较一下："嗓"跟"吸"，"嗓"的力度大；"挺"和"贴"，"挺"的力度大；"搁"和"捉"，"搁"的力度大；"回"和"闭"，"回"更顺畅。根据我自己的体会，修炼《周天法》最大的好处之一，是房事根据需要收放自如，游刃有余，完全可控，根本不会出现早泄、阳痿的情况。

所谓"结果弱化"指"按具体练功的方法做三次，阴茎即软"，这样没有顾及女性的感受。一般女性性起缓慢性落也缓慢，阴茎疲软后，如果没有达到高潮，对女性身心极为不利，没有做到作为丈夫的责任。根据我个人的体会，"嗓、挺、搁、回"运用适当，立刻可以制止住射精的强大冲动，而阴茎不会疲软，仍然坚硬，直至女方达到高潮方可收敛。深一步讲，拳谱中《周天法》归纳出来的"嗓、挺、搁、回"四字，用八个字描述更妥当，即"急嗓、力挺、猛搁、缓回"，原因是，男性做爱到极致，射精冲动力很大，必须用更强大的内在动力才能制止，制止后就像关紧阀门一样，精液会缓慢回流，炼精化气。

在 2014 年第一次出版的拳谱解读中，曾经说到戴魁解释"天为一大天，人为一小天"的四重含义。其中第四重含义，即天是一个浩大无边的宇宙，有很多奥秘人类没有解开；人体和人的思想行为也是一个极其复杂的小宇宙，其中也有很多奥秘有待研究解开。那么，在岳飞的年代，是不是就解开了"炼精化气"的奥秘呢？在民国年代，戴魁和家父是不是也解开了其中的奥秘呢？答案当然是肯定的。他们笃信，中国传统的道教文化是科学、是真理，周天法作为一种技法就是中国武术中的筑基之功。

解释《周天法》在武术界鲜为人知的炼法时，胡孚琛先生从广义上作出了如下回答："新中国成立后对中国哲学的研究又照搬了苏联的政治模式，仅限于给中国科学家划定'阶级成分'或分别归入'唯物主义''唯心主义'两大阵营。以这种中国哲学教科书培养出来的学生，既没有胡适、冯友兰那代学人的国学功底，又没有他们那代学人真正的西方哲学功底，直到这批20世纪30、40、50年代出生的学者穷年累月熬成教授、博士生导师，再教出来的学生对中华民族传统文化的承传或几乎息矣。"（《丹道法诀十二讲》中卷367页，社会科学文献出版社）

美国学者琳内·麦克塔格特在《念力的秘密》一书第27页中给出了周天法可以产生巨大能量的科学分析：一个人静静站着时，脑电波放大器测得他的呼吸和心跳能产生10~15毫伏特的静电能量，而在需要全神贯注的时候（例如禅修），静电能会急升至3伏特。然而，在格林的实验里，治疗师在进行治疗时产生的静电能量却是190伏特，其中一个治疗师身上更是出现过15次这样的状况，换言之，那是人们正常状态的10万倍，当时四面铜墙都出现1~5伏特的较小脉冲。经过对能量来源的研究，格林又发现，电脉冲是来自治疗师的小腹——中国武术称之为"丹田"，认为那是身体内在能量的主引擎所在。

这段话告诉人们，练功状态下人的静电能量是平常状态下的10万倍。心意拳"周天法"中，人为控制精水逆流即"炼精化气"，完全有内在的足够能量和原因，就好像在人体复杂的经络——弱电网络中安装了一个控制软件，彰显出道家健身强体之术的科学性和实用性。

第三章

一、原文 六合拳序

　　天下之治道有二，曰德曰威。天下之学术有二，曰文曰武。然武之所重者技艺也。况国家讲礼有法，蒐苗狝狩，各有其时，岂徒事为虚文也哉！故武之技艺，不可不亲历其事，而其间精微奥妙，更有不容率意忘陈者。余尝拟著为论，公诸同好，特恐语言不精，反误后世，此心耿耿，竭其有极。兹见岳武穆王拳谱，意既纯粹，语亦明畅，急录之以誌。余爱慕之情云。王岳飞，字鹏举，河南汤阴人也。王父早丧，侍母最孝。少负节气，优于将略，际毅多谋，智勇绝伦超群，当时名将无匹及。长应幕于东京留守宗泽，与谈兵曰，如将军者方可与兵言孙武。屡尚战功，遂成大将，善以少击众。自帅八百人破王善等五十万众于南薰门；八千人破曹成十余万众于桂领。其战兀术于顺昌，则背嵬八百于朱仙镇。凡有所举，必谋定而后战。故有胜而无败。猝遇敌不动，故敌为之曰：撼山易，撼岳家军难！张所尝问用兵之术于王。王曰：仁、信、智、勇、严，缺一不可。平身好贤礼士，博览经史，雄歌投壶，恂恂然如书生。每战胜，必辞功。曰，将士效力，飞何功之有。而忠愤激烈议论特正不挫于人，卒以此得祸。当童子时，授业于周同老师，精通枪法，以枪为拳，立一法以教将佐，名曰意拳。神妙莫测，盖从古至今未有之技也。王以后，金、元、明数代，鲜有其技。独我山西祁县戴公龙邦，聘请河南娄山县南门外居住，有位姓李名贞，自幼嗜好武术，专习心意，精通以阴阳五行为主。先生以此拳传授与戴公文量文勋。二公传戴公良栋，又授与子，戴公名魁，字佐清。余师学技十易寒暑，技术成矣。但武艺习要潜心玩味，以思其理。见世有勇敢之士，未尝无兼人之力，及观其艺，再叩其学，手不应心，语不合道者，何也？不得个中真传故也。所谓真传者，名虽曰武，其实贵和，和者，智勇顺成自然之理也。岂近世捉拿拘打，封闭闪展，逞其跳跃悦人耳目者可比。其意拳大要，不外阴阳、五行、动进、起落、进退、虚实。而其妙又须六合：手与足合，肩与胯合，肘与膝合，心与意合，意与气合，气与力合。苟能日就月将智无不周，勇无不生。得乎知之理，会乎知之精，自然能去能就，能弱能强，能进能退，能柔能刚。不动如山岳，难知如阴阳，无穷如天地，充足如太仓，法渺如海沧，元曜如三光。外墩猴势，内站丹田。抱肩，裹胯，束尾，鸡腿，龙身，熊腰，鹰膀，猴背，虎抱头，两肩要裹塌，两手心外托，两手背托膝，舌挺上腭，眼要观平，两肘紧挨，双膝不过足前。蹲势之时，如觉疲倦，宜休息数次为妥。精养灵根气养身，元阳不走得气真。丹田养就黄金本，万两黄金不与人。以此视近世演武者，异乎？不异乎。同乎？不同乎。

二、解读　六合拳序

天下的治理需要从两个方面着手，一个是制定一系列有益于人民有益于国家发展的政治措施，另一个是有强大的足以打败敌人使之畏惧的力量。天下的学术也包括两个方面，一个是施政过程中要具备各种各样的专业知识和修养，另一个是有保证国家内外安全的武装力量。武术看重的是功夫和技巧。治理国事要讲礼制和法律，耕田和打猎各有各个时机和条件，都有规律可循，否则会徒劳无益。武功和技巧也是如此，不亲身实践掌握不了其中精微奥妙，亲历过程绝不能有丝毫的马虎大意。我曾经尝试把心意拳写成著述，跟各位同仁交流，但是特别担心语言不精，词不达意，反误后事，这种耿耿于心的情感困惑达到了极点。

此时，看到了岳武穆工拳谱，我的困惑顿消；里面内容充实纯粹，语言明畅精准，我爱慕之情难以言表。

岳飞（1103—1142），字鹏举，河南汤阴县人。

岳飞父亲在他小的时候就去世了，他对母亲十分孝敬。岳飞从小就表现出坚持正义、宁死不屈的优良品质，从军后很快展现出非凡的军事才能，足智多谋，刚强坚毅，智勇超群，当时名将，无人能比。

南宋初年，抗金名将宗泽（1060—1128）在建炎元年（1127）六月，升为东京（今开封）城防司令后，经常跟岳飞谈论兵法，并且赞赏岳飞的才能可以跟春秋时期著名的军事家孙武（约公元前545—约公元前470）相提并论。

岳飞战功卓著，是抗金的主将。他善以少胜多，战例有：1129年在开封南薰门外率800精兵打败号称50万大军的王善部队。1132年在桂领率8000人击溃曹成10余万大军。1140年在颍昌（今许昌，原谱中是顺昌，为笔误），在朱仙镇以500背嵬军（岳飞的特种兵部队）打败了兀术几千人的精锐铠甲军——铁浮图。

为什么岳家军抗金作战始终能够以少胜多，有胜无败呢？最重要的原因是，每次战役制订的方案十分周密，另外指挥得当有方，将士骁勇善战，使金主将兀术哀叹：撼山易，撼岳家军难！

张所是岳飞的上级，曾经询问他用兵之术，他回答："仁信智勇严，缺一不可。"岳飞一生爱惜人才，不管是文才还是武才，他一律虔诚地礼遇。岳飞不管战事及公务多么繁忙，都要挤出时间读书学习。他特别爱读四书五经和历史类的书籍。他读书时，意气风发，激昂慷慨，宛若书生。每次打了胜仗，他都把功劳归于将士。岳飞精忠报国，强烈反对秦桧等投降派跟侵略者议和的主张。1140年正当岳家军连连大捷，兀术军队节节溃败，很快就会完全收复失地，取得战争决定性胜利的关键时刻，宋高宗连下12道圣旨，强令岳飞停止进攻，把部队撤回兵营。1141年秦桧等卖国贼为铲除和谈障碍，诬陷岳飞谋反。1142年1月27日赵构和秦桧以"莫须有"的罪名，在风波亭杀害了这位年仅39岁，中华民族历史上独一无二的英雄。

岳飞童年跟周同学习枪法。学成后，以枪为拳立一战法，以教将士，名叫意拳，即心意拳。心意拳神妙莫测，完全是从古至今不曾有过的绝技。岳飞被害后，宋朝灭亡，金朝统治者遣散了岳家军，把心意拳列为禁拳，金、元、明三代很难见到心意拳的传承。唯独我山西祁县以开镖局为业的戴龙邦，聘请了河南罗山县（注：原文是娄山县，为笔误。因为祁县口音"罗""娄"相同）南门外居住的自幼嗜好武术、专门练心意拳、精通阴阳五行的李贞为师，教授他的两个儿子戴文量（小名大闾）和戴文勋（小名二闾）。学成后，戴文量、戴文勋传给族人戴良栋，戴良栋传给儿子戴魁。我的老师是戴魁，字佐清，他苦练了10年时间，拳术达到了炉火纯青的地步。他教导我：学习武术，要多思考，深刻体会其中的道理；投师一人，但要学习百家的技艺；见世上有勇敢而超强能力的人，要冷静观察他的技艺，确定其确实技高一筹时，要拜人为师。不少练武之人的外在动作体现不了内在功力，语言和实际脱节，为什么呢？没有得到真传。进一步说，练心意拳都必须有每战必胜的信念和能力，但更高的境界是"和"；还要清醒认识到，"和"须以实力做后盾，须以智慧促和平，和平才能到来。心意拳绝不是近世捉拿拘打、闪展腾挪逞其跳跃、悦人耳目的花拳绣腿者可以比拟的。

心意拳概括说，不外乎阴阳五行、动进、起落、进退、虚实，而其妙又在六合，即手与足合，肘与膝合，肩与胯合；心与意合，意与气合，气与力合。如果能够持之以恒不间断练习，智慧就会大幅度提高，胆略就会迅速增长。掌握到心意拳内外兼修的道理，掌握到内外兼修的锻炼方法，很自然就会能去能回、能弱能强、能进能退、能柔能刚。就像山岳一样巍然不动，就像阴阳转换一样难以预测却可以把握，就像宇宙一样浩大深邃，就像空气一样充满大地，就像大海一样浩淼无边，就像初升的太阳一样把世界照耀得五光十色。

心意拳练习的基本功即桩功的姿势为：外蹲猴式，内站丹田，抱肩，裹胯，缩尾，鸡腿，龙身，熊腰，鹰膀，猴背，虎豹头；两肩要裹塌，两手膝外托，手背贴膝；舌挺上腭，眼要观平，两肘紧夹双肋，双膝不过足尖。蹲猴时，如果感觉疲劳，宜休息数次为妥。其口诀为：精养灵根气养身，元阳不走得气真，丹田养就黄金本，万两黄金不与人。这种姿势是区别社会上练武者是不是练戴氏心意拳的标志之一。

三、桩功练习

桩功包括蹲猴和基本步法两个部分，基本步法又分原地剪步练习和剪步及寸步连贯练习两个部分。

（一）蹲猴

双脚自然并拢，脚尖向前，脚趾抓地，双膝弯曲，膝盖与脚尖在同一垂直面上，胯部内裹，紧提肛门，两肩松垂内收，两手背靠在膝上，五指并拢，舌挺上腭，仰首平视，凝注前方，两肘紧夹双肋，气沉丹田，自然呼吸。（图1、图2）

图1   图2

这个姿势，拳谱形容为鸡腿、龙身、熊腰、鹰膀、猴背、虎豹头。虎豹头意在藐视敌方，确切说是战略上藐视敌人，而战术上重视敌人，行拳时又含阴阳转换的哲理，具有技击的功能。

《拳谱》的"内外相见合一家"中，有这样的话："固灵根而动心者是武艺也，养灵根而静心者是修道也。""得真法"中有这样的话："养灵根而动心者敌将也，养灵根而静心者修道也。"

"养灵根"是什么意思呢？就是通过武术意念和肢体的锻炼，使人体三宝精、气、神合一的过程。人体三宝的概念出自2500年前我国第一部中医理论经典著作《黄帝内经》。这里的"气"，指丹田之气，也称"元气""真气""精气"等，有别于肺部呼吸的空气。丹田之气的呼吸是通过血液循环跟体内各个器官组织的细胞进行气体交换的。

上面拳谱中的两句是一个意思，这一个意思说明两个问题。一个是，练习心意拳的内功跟修道的练功密切相关，区别只在于"动心"还是"静心"。另一个是，通过"动心"，内三合和外三合共同作用，使体内积蓄的能量释放于敌人，就是武术；通过"静心"使体内积蓄的能量在体内循环，达到强身健体，防病治病，调养性情，继续增强潜能，就是修道。

你或许以为，蹲猴，十分简单。如果这样，你就大错特错了。这是一个内涵极其丰富、涵盖很多知识、含金量极高的问题，也是一个能否真正理解戴传心意拳内外兼修本质的问题。

戴龙邦（1713—1802）出身于亦官亦商的大户人家，其祖上是祁县首屈一指的世族巨贾。他请李贞教子桩功，戴文量（大闾）（1775—？）、戴文勋（二闾）（1777—1873）一练就是三年。戴良栋（1830—1911）、戴魁（1874—1951）也是如此。蹲猴和基本步法为什么需要练这么长时间呢？因为这是基本功，像盖大楼一样需要打基础，只有基础打好，才能往上一层一层建起楼来。练习心意拳，外三合易，内三合难，内外三合合成一气更难。心与意合，意与气合，气与力合是一种无形的内在能量。这种能量，现代科学已经证实，它是一种具有信息的光、热、红外线电磁波或粒子流等。心是这种无形内在能量的发动机。所以练习蹲猴之日，便是"心法"开始学习之时。

"心法"学习的内容十分广泛和深刻。广义上说，"心法"就是思想方法，其知识涵盖一切人文科学和自然科学，包括世界观和方法论。在戴氏年代，主要进修的是四书五经。四书是《论语》《孟子》《大学》《中庸》。五经是《诗经》《尚书》《礼记》《周易》《春秋》。这些内容博大精深，其中的真知灼见和进步意义堪与日月同光辉共长久！狭义上说，就是要明白中医原理、经络学原理、人体运动力学原理等，把内外三合发挥到极致，去击垮敌人，因此"心法"的锻炼跟肢体的锻炼是一个有机的整体，缺一不可。

蹲猴时，要求高度专注的思维从始至终支配身心。对于练习心意拳的人，这是一个伴随整个生命的历程。家父回忆，他1947年跟戴魁离别的那年，戴师已经73岁，仍每天早晚在高墙大院内练习桩功。20世纪90年代，我国改革开放进入第二个十年，正是我工作十分繁忙的时期，每晚回到家中，仍然看到已经80多岁的家父在练习桩功。

蹲猴必须做到四个要求或说有四个要领：松、静、意、引。

松：就是放松，身体各个部位和精神思维全面处于松弛状态，但绝不是松懈、松垮、吊儿郎当。

静：就是入静，心无所思，目无所视，是"松"的进一步延伸。这是"练气"的一个关键环节。入静的深、浅、快、慢直接影响着练功的效果。

意：指意念的锻炼，是心与意合的过程。进入"静"的状态后，一念代万念。意念锻炼有"意守"和"意动"两种情况。

意守，即意念集中于下丹田，这个部位气海穴跟命门穴相对，意守此处，元气由此而生。

意动，即意念沿着小周天（任督两脉）流动，从后背正中督脉上行，经过头部，再沿着前身正中的任脉下行。

督脉起于长强穴，其穴位于尾骨尖与肛门的中间；止于龈交穴，其穴位于上唇系带与齿龈相接处。（图3）

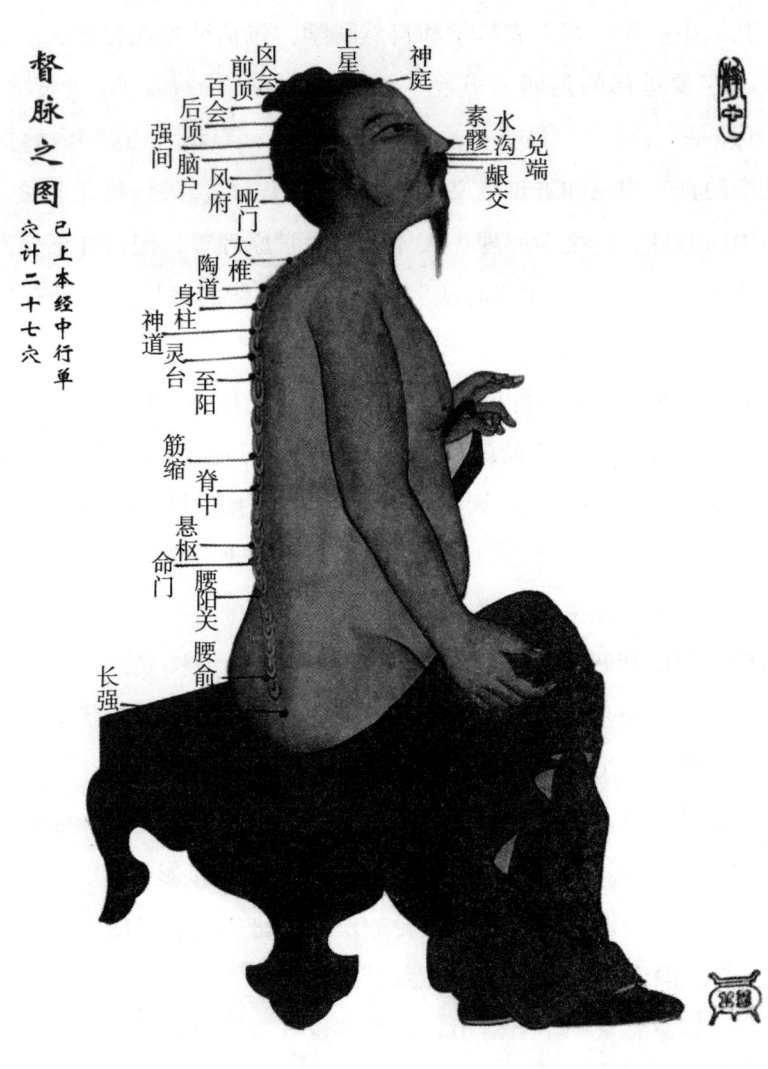

督脉之图 己上本经中行单 穴计二十七穴

囟会 前顶 百会 后顶 强间 脑户 风府 哑门 大椎 陶道 身柱 神道 灵台 至阳 筋缩 脊中 悬枢 命门 腰阳关 腰俞 长强

上星 神庭 素髎 水沟 兑端 龈交

图3

任脉起于会阴穴，其穴位于人体正下方双腿中间；止于承浆穴，其穴位于颏唇沟中央。（图4）

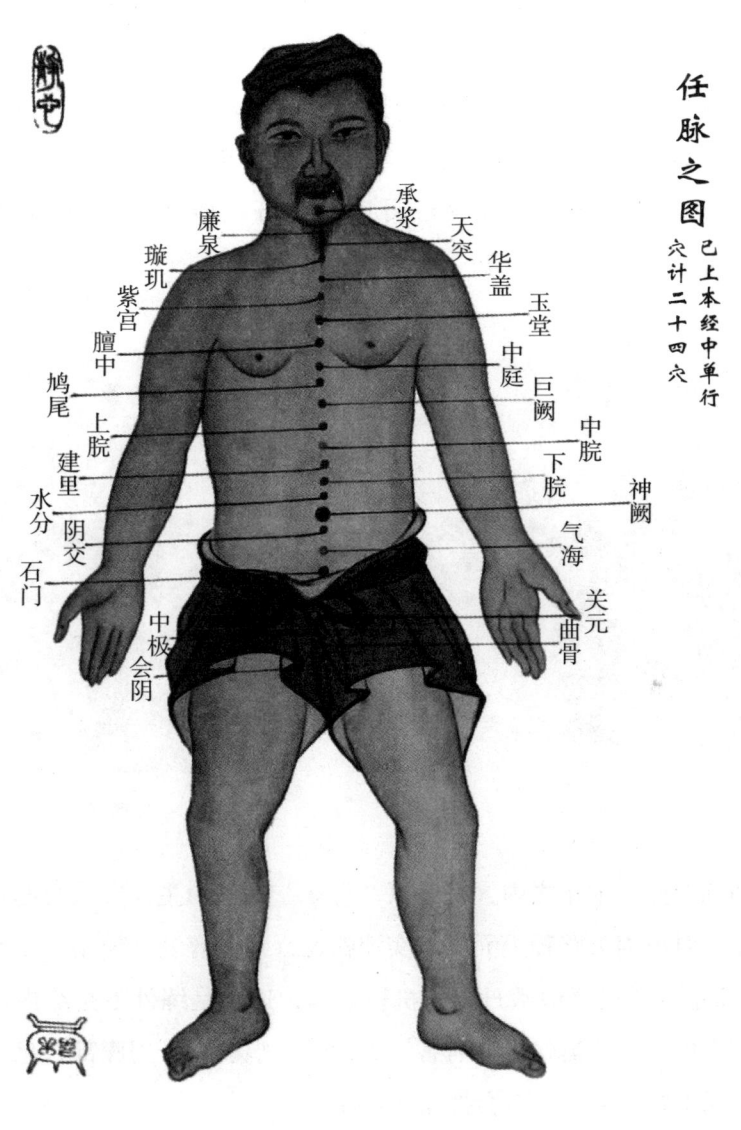

任脉之图
已上本经中单行
穴计二十四穴

承浆
天突
华盖
玉堂
中庭 巨阙
中脘
下脘 神阙
气海
关元
曲骨

廉泉
璇玑
紫宫
膻中
鸠尾
上脘
建里
水分 阴交
石门
中极
会阴

图4

练功中舌挺上腭和提肛都是为元气贯通流畅助力搭桥。

引：引导元气的锻炼，是意与气合的过程，让元气达到你想要达到的部位。做到这一步要经过长期坚持不懈的锻炼和体味。

初练蹲猴，往往姿势容易走样，要由老师不断纠正。初练蹲猴，常常蹲住的时间不长，一般只能蹲三五分钟。这是不行的！蹲猴时间达到一个小时才算达标。蹲的时间越长，功力越大。这个过程缓慢，而且因人而异。蹲累了的时候，突然直起，从丹田发出"噫"的口令，双手合拢，从下腹向上按摩经丹田到肚脐（神阙穴），这个动作也叫"搬丹田"。（图 5、图 6）

 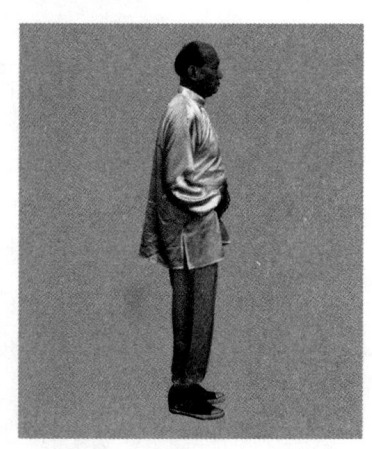

图 5   图 6

初练蹲猴的半年之内，都应以"意守"丹田为主。突然直起双手的按摩动作，对小周天路径上元气充实流畅运行十分有利。但是，不专心"意守"，而是有意反复做搬丹田的机械运作，这只是练外不是练内，对元气在小周天内的充实流畅十分有害。如同学习唱歌，不用腹部气息，只用喉咙，是唱不好歌的，甚至会把嗓子唱坏。

当蹲猴时间起码一次可以坚持 30 分钟时，可以进一步用"意动"的方法习练。我是在这个时期身体感受到气感的，那是 1964 年冬季，晚九

戴传心意拳秘谱解读

点多，天寒地冻，我在院内僻静的树下蹲猴，用"意动"方法默念元气流动，在三个循环过后，脚底开始发热，继而全身发热，浑身是劲，眼睛明亮，无一丝冷意，仿佛在春暖花开的季节练功。

（二）基本步法的练习

基本步法练习分原地剪步练习和剪步加寸步连贯练习两个内容。

1. 剪步练习

前右脚掌上翻，脚稍内倾，膝关节内扣，向前迈出，形成"弓字步"，膝盖与脚尖在同一个垂直面上，前腿夹护住裆部，左腿突然蹬直，同时丹田之气通过喉咙发出"噫"的喊声，呼出气息，随即收回右脚跟左腿并拢，吸气至丹田。起式如图7、展式如图8、落式如图9。

图 7

图 8

图 9

双手的动作跟蹲猴累了立起时搬丹田的运作一样。

基本步法的关键要领在"噫"字上，就是在发声的一瞬间，同时必须完成好顶、蹬、奔、直、弓、催、翻7个动作，通常把这套组合称为"一字令"。

顶：是高仰的头，爆发式的顶天，下巴收拢，不怕顶破天的顶。

蹬：是后腿突然爆发式地蹬地，竭尽全力，不怕蹬塌地的蹬。

奔：身体像奔驰的骏马一往无前，冲锋陷阵势不可当。

直：是不怕蹬塌地的后腿，刹时必须蹬直。

弓：指紧缩的身躯，如同弦上的箭、拉满的弓，突然射向敌人。

催：指储满元气的丹田突然爆发，达到气与力合。

翻：指完成以上六个动作后，"藏身而落"时脚掌继续上翻，准备下一个技击，随时准备投入战斗。

先出左脚的练习方法和上述方法完全一致，两脚应交替练习。

2. 剪步加寸步连贯练习

前左脚上翻，脚稍内倾，膝关节内扣，向前迈步，形成"弓字步"，膝盖与脚尖在同一垂直面上，前腿夹护住裆部，右腿突然蹬直，丹田之气通过喉咙发出"噫"的喊声，呼出气息，随即右腿向前迈出，跟左脚并拢，吸气至丹田。左脚连续迈出，步幅要小，约是前面剪步的一半，继续不停歇地完成"一字令"的动作，其目的是为以后行拳达到"拳打一阳还一阴"的目标服务。起式如图10、展式如图11、落式如图12。

图10

图 11　　　　　　　　　　　　图 12

先出右脚的练习方法跟上述动作完全一致，两脚应交替练习。

两种基本步法的练习，左右脚必须均衡持之以恒地演练。真正练好"一字令"是一个缓慢的过程，也是内外三合达到统一的必由之路。

"一字令"这套组合步法，是一个使敌方难以觉察而杀伤力却极大的动作。拳谱"手脚法"中说"脚跳中门抢地位，就是神仙也难防"，"膝打几处人不明，好似猛虎出木笼"，形容得惟妙惟肖。"一字令"的练习，把爆发力、整体"气"与"力"的统一和"舍我其谁"的抖搂精神展现出来，是戴传心意拳最基本的要素之一。

四、桩功练习要求

①永远把岳飞"尽忠报国"的思想、精神作为学习的楷模。这个思想也是戴氏家族的"祖训"，所以练心意拳必须跟"尽忠报国"精神联系起来。戴师对宋史十分熟悉，对金人对中原人民和宋室的残忍杀戮义愤填膺，对宋朝皇帝的腐败昏庸痛心疾首。另外戴师对家乡充满热恋，小小的

祁县从东周到明朝，竟有 32 个宰相载入史册，真可谓名人辈出众星荟萃。古帝尧，不把帝位传给儿子，而传给了英明的舜，开"让位"之先河。祁奚辅佐晋文公重耳成就霸业，以"外举不避仇，内举不避亲"流芳百世。晚上练拳，抽两口大烟后，戴师精神焕发，经常讲岳飞的战功和祁县名人崇高美德的事迹，每当讲到这些，他都热血沸腾，激昂慷慨，激励家父刻苦练功。

②学习心意拳，第一是练"心"，第二是练"意"，第三才是练"拳"，三者是统一的整体，不可偏废。

练"心"，是学习文化知识，用人类现有一切科学知识丰富自己的头脑。心之官则思，"思"就是思想、知识和精神。心是统管思想、精神和血液的。

练"意"，是要通晓经络。经络是人体运行气血、联络脏腑、沟通内外、贯串上下的路径。上下直行的为"经"，左右横行的为"络"。经络十分复杂。练习桩功阶段，看重的是督脉和任脉。通过"意导"和"意动"，促进任督二脉的气血充盈流畅，是练心意拳的基础和根本。戴魁认为，打通任脉督脉的说法是故弄玄虚，不科学，是个伪命题。原因很简单，如果任督二脉不通，也就是阴脉和阳脉断绝，那生命就不存在了。

练"拳"，是在练心、练意的基础上进行。拳术注重技术、技巧、实效和应变。

③蹲猴和基本步法练习，强调锻炼下肢气力，要达到"上轻下重"的目标。下重，指肚脐以下充实，气沉丹田，气息归元，息息归根，归根后上体才能轻灵，绝不是轻浮，下重不是笨重。上轻下重以"下重"为根本。意守可以根据身体情况的不同，四季变化的不同而变化。比如，胃不舒适，可以意守足三里穴；腰不舒适，可以意守涌泉穴；春、夏、秋、冬练功意守肝、心、肺、肾等。但在桩功练习阶段，不能意守肚脐以上的穴位。

④必须坚持冬练三九、夏练三伏的原则。认为这是天赐良时，能更快

提高功力，锻炼意志品质。

⑤"一字令"把内外三合统一起来，是武功中内气调动人体潜能有效而简捷的方法。岳家军超常的战斗力，源自掌握了这种方法。戴氏家族没有固定版本的拳谱，都是家族内部父子传承，口口相授，这个练习方法是秘诀之一。

五、桩功练习的健身作用

练习蹲猴和基本步法，是笔者身体从弱变强的转折点，且终生受益。它的好处，用"蓝天为纸，黄河为墨，写都写不完"来比喻，并不为过。下面我把近五十年的感悟汇报给大家。

在初中至高中一年级上半学期，我体质较差，学习成绩极为一般。1963年秋，自我开始在家父的催促下练习桩功，每天早晚各挤出1个小时练习，寒暑不避，身体很快强壮起来，学习成绩迅速提高。高一年级下半学期，我参加了高二年级的数学竞赛，取得了名次，被学校选送到北京市高中学生数学小组学习，聆听华罗庚、闵嗣鹤等数学家的讲座，成为计划中的1966年参加数学竞赛的选手。这是重点学校仅有的名额，而且每个学校只有一二个。这个学年，我获得"三好学生"称号和"优良奖章"。我深刻感受到练心意拳，不但能健身，更能益智。

1972—1986年，我在实验药厂工作，任维修班班长和基建办公室副主任（主任是厂长）两职。每个职务的担子都很重。那是药厂跨跃式发展的阶段，产值从几十万攀升到八千万。全国第一条"清开灵"自动生产线是我于1979年亲手安装和调试的。为适应工作需要，"文化大革命"期间，我用业余时间去东城区技术交流站学习了三年"机械设计"。相关材料见附录五。

1986—1997年，我在卫生部重点工程——北京针灸骨伤学院工作，仍然同时肩挑两副重担：工程科科长和院建筑队技术队长。这个时期，正是改革开放的黄金时段，我除了履职国家安排的工作外，还兼任了社会上民办企业——大地建筑事务所的一些项目的设计任务，并且出色地完成。可以说，练心意拳，赋予了我超常的精力和能力，令我愉悦和幸福。

1998 年，我任北京市重大历史性工程——中华世纪坛总工程师，工作十分繁重（见附录四）。一个大学同学找到我说："班上很多同学 10 年前就晋升为高级工程师了，你为什么不申报呢？"申报的第一个条件是必须通过外语关。我在不可能有复习时间的条件下，一举通过了俄语一级考试。我认为，是心意拳的练习给予了我超常的记忆力。

2012 年我 67 岁，经过北京市建设委员会及北京市人力资源和社会保障局的两轮严格考核，继续被聘为北京市建委专家库专家。同时，仍在一家企业任熟悉的总工程师职务，活跃在工程建设的一线。

练习心意拳，总使我身上有一股永远用不完的力量。遇到意外恐吓或险恶情况，还能给你超然的冷静和胆略。一件事使我永远难忘，那是"文化大革命"中的 1972 年，春节回家看望父母，吃过隔年饺子，我到院外方便。没有月亮，没有灯光，伸手不见五指。走出大门是一条宽 1.5 米、长 50 米的窄长胡同，胡同尽头是厕所。我走出大门三五步，突然看到厕所门口站着一位一房高的黑色巨人，头、肩、四肢分明。我定睛观察，"他"在原地晃动。此刻，我想起家父多次对我的叮嘱："咱们的拳，拿枪者除外，什么也不怕！只有一条，夜行，一定要把身后的人让至身前。"当时，我是不能回头走的，因为"他"比我快。我下意识地气沉丹田，舌挺上腭，暗含束尾、鸡腿、龙身、熊腰、鹰膀、猴背、虎豹头的架式，四梢惊（发欲冲冠，指欲透骨，牙欲断筋，舌欲推齿）径直朝"他"走去，要用戴传心意拳的杀手绝技跟"他"决一死战，正要下手之际，一切烟消云散了。

心意拳惠及我一生的事例说不完。难道这是偶然的吗？不是！2012 年出版的《念力的秘密》一书中，从现代最前沿科学——量子物理学的角度，揭示了练功之人超强精力、能力、记忆力和胆识的科学依据。该书 73 页第五章"进入超空间"中写道，科学家们用"脑电波放大器"测得，人在熟睡、半睡、清醒和练功状态，"脑电波放大器"显示的脑波分别是 θ 波（4~7 赫兹）、α 波（8~13 赫兹）、β 波（13~40 赫兹）和 γ 波（25~70 兆赫）。该书第 80 页写道：高度专注的另一个重要效果是让大脑的左右半球整合起来。直到最近，科学家还相信，大脑的两边或多或少是独立动作的。左半球被比喻为"会计师"，专行逻辑、分析性和线性思考；右半球则被比喻为"艺术家"，提供方向感以及音乐、艺术和直觉能力。不过牛津约翰·拉德克利夫医院的神经精神病学家彼德·芬威克却收集到许多证据，证明语言能力和许多其他功能是两个脑半球同时作用的结果，而脑子在一体化时动作得最佳。禅修则能让脑的左右半球以一种特别和谐的方式交流。该书第 84 页还得出结论：科学已经证明，专注锻炼某些意念有可能改变或扩大我们大脑的某些部位，使之成为更大更有利的接收器。该书第 158 页更明确写道：意念很可能强大得足以影响我们生活的每一个方面。

量子物理学是一门深奥的微观世界的科学，从爱因斯坦创立量子力学开始至今已过一个世纪。近半个世纪以来，有一半以上的诺贝尔物理学奖，都产生于量子物理学领域。《念力的秘密》一书，正是用微观世界的科学证明：练习心意拳能使"脑电波放大器"达到 γ 波的水平，它是 β 波的 10 万倍，也就是练拳使大脑积蓄了高于非练功者 10 万倍的正能量；练拳可以使左右半脑整合起来；练拳可以改变或扩大大脑的某些部位；练拳的意念可能强大得足以影响我们生活的每一个方面。这一切都表明，心意拳的锻炼方法十分科学，其显著的健身效果和内在规律已经被现代量子物理学揭示出来。

第四章

一、原文　挑领鹰捉斩夫俱行（不是原势是采手）

斩截，裹胯，挑顶，云岭采手，出势虎扑，起手鹰捉，鸡腿龙身熊腰虎抱头见敌身法。

二、解读　四把

在基本步法基础上，进行四个动作的演练。

第一个动作，斩截后出横拳。第二个动作，挑领。第三个动作，鹰抓。第四个动作，虎扑。四个动作，一气呵成，转身重复一遍，结束。

三、练习演示

①面朝南，立正站立，全身放松，并向主席台和观众鞠躬。（图13、图14）

图 13   图 14

②舌挺上腭，气沉丹田。向左转 90°，面朝东，左脚短促有力蹬踏地面，脚落在贴右脚偏后 3 厘米左右的位置，发出清脆的声响，丹田之气通过喉咙发出洪亮的"噫"声，跺脚声和"噫"声重合；同时右手从丹田处紧贴前身，手心向上，左手护住右手手腕，两手共同抬至胸部。抬至胸部后右手呈半握拳状，左手仍护住右手手腕，外旋前臂和手腕，双手一同砸下，止于丹田。（图 15~图 18）

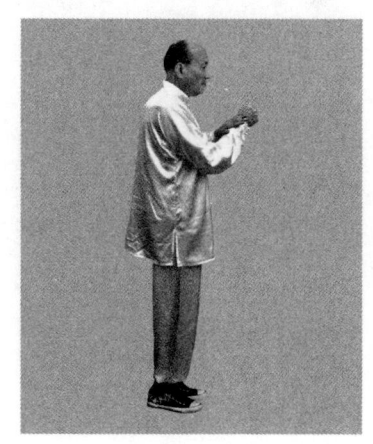

图 15   图 16

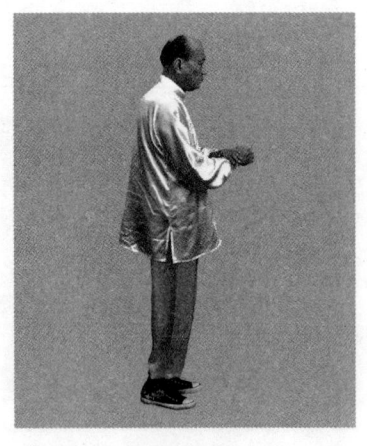

图 17

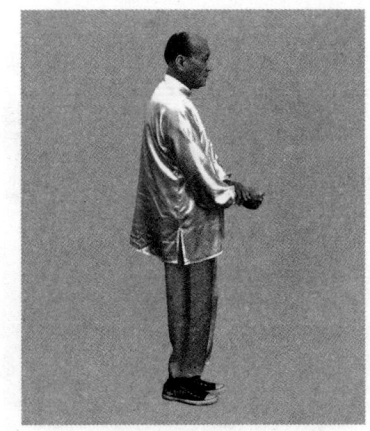

图 18

③右手握拳，左手贴护右手手腕。（图 19）

从丹田处出发，迈右脚，蹬左脚，按"蹬、顶、奔、直、弓、催、翻"的要领，击打前方敌人的小腹，出拳时手心向上，打出后拳内转 90°角。这是横拳。（图 20）

图 19

图 20

④右手握拳，出手变掌，五指并拢，呈竖直状，向前上方挑去，意欲把前方敌人从裆下挑起来，掌高不过眉；左手也变掌，五指并拢，手心向下，意欲压仕有害物；出右脚，完成一字令动作。这是挑领。（图21、图22）

图 21

图 22

⑤右手挑领后不返回，左手顺右前臂伸过去，在右手背上交叉，呈十字状。（图23）

图 23

两手心向下抓物，如鹰爪捕获猎物。出右脚，完成一字令动作。这是鹰抓。（图24、图25）

图 24

图 25

⑥交叉的左右手返回丹田处，翻腕180°，手心向上，保持交叉，再翻腕90°，手心向前，左手在前，右手紧贴左手向前方敌人猛然扑去，腿脚完成一字令动作。这是虎扑。（图26~图28）

图 26

图 27

图 28

⑦右脚撤回，并拢于左脚后，身体左转180°，面朝西，出左脚，蹬右脚，腿脚完成一字令动作，左手握拳，右手贴护左手手腕，左手心向上，从丹田出发，击打敌人小腹。此动作跟前面③动作一样，只是先出左脚左拳。（图29、图30）

图 29

图 30

⑧继续演练"挑领""鹰抓"和"虎扑"，跟前面④⑤⑥动作相同。

⑨最终回到演示开始时的位置，全面放松，立正站稳。再次向观众鞠躬行礼。

四、三点说明与鸡形

①"四把"是戴传心意拳中用于表演的一组套路。第三把"鹰抓"之后，除了上述接虎形外，还可以接"五行"和"十二形"中除蛇形以外的任意一形。不能接蛇形的原因是，蛇形步法是"之"字，其他形都是直线形。具体说，就是可以接劈、崩、躜、炮各拳及龙、猴、马、鸵、鸡、鹞、燕、猫、熊各形。

②戴家拳专注的是心法、内功和散打，不去刻意编凑花样。如果编排的话，也可以像太极拳一样，演练出几十种乃至上百种式样。

③第三把之后，戴魁教给家父经常接的是"鸡形"。为什么单单接"鸡形"呢？因为20世纪30年代戴师打死的那个劫匪用的就是"鸡形"，劫匪当时死在膝下。

鸡形练习

①在蹲猴姿势基础上，右脚意引内气通过大腿带动小腿，内气集中于膝盖，猛然上提，超过左膝，右脚掌上翻；左脚掌五趾像抓住地一样稳稳不动，如同金鸡独立；右手半握拳，左手贴护右手手腕，从丹田出发，猛然上击敌人下巴。（图31、图32）

②按一字令要领，左脚蹬直，右膝上顶到极限，向前落地；双手由上臂带动前臂下砸。（图33、图34）

图 31

图 32

图 33

图 34

③按照上述练法，进行左腿左膝的练习。

鸡形练习也可以走直线：两手握拳护住胸口，两肘夹肋，两脚互相交替抬膝向前，每一步都要意引内气，通过大腿带动小腿猛然上提，内气集中于膝盖，高度超过另一膝盖。抬腿时听到"嗖"的响声，不抬的脚趾抓地，抬

的脚上翻。站立时可以停顿一会儿，停顿的时间可长可短，如此一直前行。（图35、图36）

图 35 　　　　　　　　　　　　　　　图 36

脚掌上翻的目的是随时准备战斗，完成"一字令"。鸡形打击的部位是敌人的睾丸。鸡形"拳打一阳还一阴"的组合动作，是戴传心意拳凶悍的杀手锏之一。

五、四把练习的要求

①一定要把戴家拳精神抖擞、斗志昂扬、出拳迅猛、步法矫健的气势打出来。为此必须懂得"明三节""齐四梢""闭五行"。

②明三节：根、中、梢三节——足为根、丹田为中、手为梢。此三节又分为九节，根节为胯、膝、足；中节为丹田、心、胸；梢节为肩、肘、手。明三节的意思是各个三节的内气都要充分调动起来：肩要催肘、肘要催手；腰要催胯、胯要催膝、膝要催脚。

③齐四梢：四梢是，舌为肉梢，牙为骨梢，指甲为筋梢，浑身毛孔（主要是头发）为血梢。齐四梢的意思是，跟敌人战斗，内气要充分调动起来：舌要催齿、牙要透骨、指要断筋、发要冲冠。齐四梢往往也称"惊四梢""动四梢"。

④闭五行：五行指心、肝、脾、肺、肾。闭五行的意思是，这五个脏器在意念和内气作用下，气血循环流畅充盈，要达到"心动似火焰，肝动似飞箭，肺动成雷声，脾、肾胁夹功"的程度。齐四梢、闭五行又称为"惊四梢、动五行"或"四梢动、五行随"。

现代量子物理学研究成果，科学地解释了"齐四梢、闭五行"的内在规律。"人类能发送能量是完全讲得通的。大量证据也证明，所有活的人体组织都带有电荷。把这些电荷放在一个三维空间，会引起一个以光速行进的电磁场"（《念力的秘密》第 24 页）。20 世纪 70 年代中叶，德国物理学家波普偶然发现，从最简单的单细胞植物到最复杂的有机体（如人类）等一切生物体，都会持续放射出微弱的光子流（光子是光的微小粒子）。他称这一现象为"生物光子放射"，又相信他发现了活生物体的主要交流渠道——生物体用光来跟自己身体的各部分和外界联系（《念力的秘密》第 31 页）。这就清楚地说明"生物光子放射"把"齐四梢，闭五行"连接成一个同步运动的整体。

第五章

一、原文　寸践躜法十六阻

一寸、二践、三躜、四就、五夹、六合、七疾、八正、九经、十胫、十一起落、十二进退、十三阴阳、十四五行、十五动静、十六虚实。

寸，是步也。践，是腿也。躜，是身也。就是束身也，上下束而为一也。夹，是剪也，两腿行至剪也。合，是内外六合也。内外三合如一，成其六合。疾是毒也。正，是真也。看正却是斜，看斜却是正也。经是手摩内五行也。胫是惊起四梢也。火机一发物必落。摩经磨胫意气响连声。起，是去也。落，是打也。起也打，落也打，起落如水之翻浪，方起落也。进步低，退步高，进退不是枉学艺。何为阴阳？看阴而有阳，看阳而有阴。天地阴阳相合能下雨，拳上阴阳相合能成其一块，皆为阴阳之气也。内五行要动，外五行要随。动静为本身，体动为作用。若言其静，未漏其机；若言其动，未见其迹。动静正发而未发之间为之动静也。虚是精也，实是灵也。精灵皆有成，养身养功养道见天真。丹田养就长命宝，六合自古无又传。多少玄妙在其间，设若忘传无义人，招灾惹祸损寿年。武艺都道无真经，任意变化势无穷。岂知悟得婴儿要吃奶，顽要打法天下是真形。天为一大天，人为一小天。墙倒容易推，天塌最难惊擎。雨晒灰尘净，风顺暴云回。熊出洞，虎离窝，硬崩摘豆角。犁正之顶将有所去，虎闭其食将有所取。势正者不上，势远者不上。知近远，知老嫩，知宽窄，上下相连。心动身不动则枉然，身动心不动亦枉然。一场要把势，吊鬼、闪斩胜腾挪、足低随明、只八势打来不算好武艺。问尔何所据，答曰：我的场中不定孰是。或把或拳望着熟是。随高打高，随低打低，打遍天下即如老鸡。行如槐虫，起如挑担，若遇人多三摇二旋。

二、解读　寸践蹟法十六阻

寸、践、蹟等十六个方法。

一寸、二践、三蹟、四就、五夹、六合、七疾、八正、九经、十胫、十一起落、十二进退、十三阴阳、十四五行、十五动静、十六虚实。

①寸是寸步。寸是中国长度单位，一寸等于现行公制单位 3 厘米。寸步意思是步的距离比较短，常用在"拳打一阳还一阴"的后一步上。拳打一阳还一阴步法就是剪步跟寸步，如图 37~图 40。

图 37

图 38

图 39   图 40

②践是腿。两腿前后紧相随。

③躜是身。用蹲猴的姿势随时向前出击。

④就是始终保持住"抱肩、裹胯、提肛、鸡腿、龙身、熊腰、鹰膀、猴背、虎豹头"的姿势，上下束身为一体。

⑤夹是剪子步。两腿交替前行像剪子，迈出的前腿前脚向内扣，护住睾丸。

⑥六合是心与意合，意与气合，气与力合；脚与手合，膝与肘合，胯与肩合。

⑦疾是毒辣。不出手则罢，出手绝不留情。充分显示闪电般的速度，一字令爆发的威力。

⑧正是真。所谓真，是在交手中根据需要不断改变身体的斜、正。看正是斜，看斜是正。

⑨经是用手按摩上肢中的三条阳经（手阳明大肠经、手太阳小肠经和手少阳三焦经）、三条阴经（手太阴肺经、手少阴心经和手厥阴心包经）和躯体内的五脏（心、肝、脾、肺、肾）六腑（胆、胃、大肠、小肠、三焦、膀胱），使脏腑各个器官组织跟肢体内的气血充实，流通顺畅。经，

指的是经脉，人体内气血运行的主要通道。经脉有十二经脉和奇经八脉。可以把"经"看成是人体气血流动的大河。

⑩梢是惊起的四梢（头发、舌头、牙齿、指甲），意思是与敌交手时，四梢都要做出强烈的战斗反应。胫就是络，人体内气血运行的次要通道。络脉是经脉的分支。络脉有别络、浮络和孙络。可以把"胫"看成是人体内流动的小河。经胫气血流动充盈流畅，构成戴家拳内功的物质基础。有了这个基础，与敌人交手，心机一动，敌人必败。练习"摩经磨胫"的时候，应该忍耐不住，情不自禁发出连续的叫喊声。

⑪起落是"展身而击"与"束身而藏"，去打，回也打，好像波涛一浪接一浪。

⑫进退是前进与回退。脚掌一上翻，一字令出，直线向前打去，脚掌几乎贴近地表。回退为脚掌上翻，抬腿要高，类似鸡形，直线向后。进退的技艺包含着阴阳的哲理，掌握了必有长进。

⑬什么是阴阳呢？宇宙间一切统一的事物都由对立的两个方面组成，它们相互依存，相互渗透，相互转化，是自然界最根本的规律。《周易·系辞传上》有"一阴一阳之谓道"。《素问·阴阳应象大论》中说："阴阳者，天地之道也，万物之纲纪，变化之父母，生杀之本始，神明之府也。"从拳术上说，每一个招术都应该是看阴而有阳，看阳而有阴，好像天上带正电的云团跟带负电的云团相交，方能闪电打雷下雨一样，拳上一阴一阳相交方能御敌制胜。这些都反映出事物发展变化的内在动力在于阴阳转换。

⑭五行是说内五行要动，外五行要随。内五行为心、肝、脾、肺、肾，外五行为舌、眼、口、鼻、耳。中医理论中有"心开窍于舌，肝开窍于目，脾开窍于口，肺开窍于鼻，肾开窍于耳"之说。在行拳中，外五行和内五行之间对应的内气都要充分贯通流畅，整体共同作用，保证战斗的力量、灵敏、快速、准确和实效。

⑮动静是说进攻还是准备进攻，隐蔽得让敌方发现不了。说静，未漏

一点信息，没有丝毫征兆；说动，也未漏一点信息，毫无征兆。实质上，已准备好看准时机，一举歼敌。

⑯虚实是说虚和实是辩证的统一。虚是精，精指气沉丹田，气息归元，息息归根，内气充盈，精力充沛；实是灵，灵指气息归元后，上体轻灵敏捷。功夫练到精灵都有成的境界，说明武功从重动练到了轻动，又从轻动练到了灵动。这样武艺成熟的人，更能养身、养功、主持正义、伸张仁义礼智信了，这种人是天下的真人、真功。丹田的修养和锻炼是保持身心健康和长寿的秘诀，这种以"六合"为主要标志的心意拳自古就是独家传承，没有第二家，其中的神机妙算无穷无尽，如果传给无义之人，必然会招来祸患，招至报应，减寿早亡。正如拳谚所说：丹田养就长命宝，六合自古无双传，多少玄妙在其间，假若传给无义人，招灾惹祸损寿年。

武术界都知道，武艺没有死板的教条和固定的打法，交手时的变化无穷无尽，就像难以知道婴儿吃奶、玩耍的情形，那种天赋的自然形态，就是真形。

"天为一大天，人为一小天"这句话根据戴魁的解释含有四重含义。

第一，这种思想源自我国最古老的哲学典籍《易经》。《易经》中阐述了天道（自然观）、地道（客观物质世界）和人道（政治、经济、伦理等）的相互关系。

第二，孔子吸收了《易经》中的人道观，建立了儒家学说。老子吸收了《易经》中的天道观，建立了老子学说。

第三，"天为一大天，人为一小天"是"天人合一"的道家思想。所谓天，不是神仙皇帝，是大自然。宇宙是放大了的人体，人体是缩小的宇宙。人体是宇宙的一部分，跟宇宙具有同构性和相同的变化规律。

第四，天是一个浩大无边的宇宙，其中很多奥秘人类没有解开；人的思想行为也是一个极其复杂的小宇宙，其中很多奥秘也有待研究解开。因此，习武之人应该处处留意学习，处处按规律办事。

墙倒容易推，天塌不能撑。下雨不会扬尘，刮风会吹散乌云。熊出洞，虎离窝，一跃而起，干净利落，像干硬的豆角籽从豆角皮中崩出来一样。

犁扶正了必然会向前耕田，虎屏住呼吸必然会去捕捉猎物，与敌人交手，敌人士气正旺的时候，避其锋芒；距离远的时候，也不去进攻。要审时度势，知远近、知老幼、知宽窄，上下左右全面判断。如果进攻，整个身心都必须发动。心动身不动没用，身动心不动也没用。一场要把式，蹦蹦跳跳，闪展腾挪，高低踢脚，只八式打来不算好武艺。问你根据什么这样说，回答：我的场中没有定式，用掌用拳，随机应变，随高打高，随低打低，打遍天下，如同善斗的雄鸡，如同一曲一伸前进的槐虫。起步像挑扁担，一蹬便起。如果敌人众多，则要机警敏捷，三摇二转，各个击破。

三、摩经磨胫练习

拳谱上说"摩经磨胫意气响连声"，是一种战斗状态，"固灵根而动心"了。对于练习心意拳之人，宁可一生无战，不可一时无备，这是必须的。但是这里介绍的练习是"养灵根而静心"，则不必"意气响连声"了。

摩经磨胫有敌人来自两个方向、四个方向、八个方向的 3 种练法。把敌人来自两个方向的练法熟练掌握了，另两种练法就迎刃而解。

敌人来自两个方向的练法：

①面朝南，蹲猴式，完全进入桩功练习境界。

②两手上翻，右手紧紧压住左手背，手心向内，按压住小腹部（丹田下部）；两臂紧夹两肋；右手从左手五指尖开始，沿着下述部位进行按摩式行走：左手五指→左手手背→左前臂外侧→左上臂外侧→左肩肩井。（图 41~图 45）

图 41

图 42

图 43

图 44

图 45

③右脚向右迈半步，左脚随，在右脚落地时，左脚掌上翻。

④头快速左转 90°角，面朝东，双眼平视，警戒远眺，观察片刻。
（图 46）

图 46

⑤右手沿着从左上到右下的方向进行按摩行走：左肺部（图 47）→心部（图 48）→胃部→肝部（图 49）→右肾部（图 50）→小腹部（图 51）。

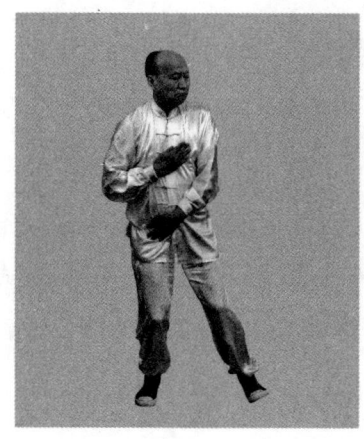

图 47

图 48

图 49

图 50

图 51

⑥在右手进入小腹部时，右手插入左手手下（图52），左手紧紧压住右手背，手心向内，左手从右手五指尖开始，沿着下述部位进行按摩式行走：右手五指→右手手背→右前臂外侧（图53）→右上臂外侧→右肩肩井（图54）。

图 52

图 53

图 54

⑦在上述"⑤"动作的初始时，左脚抬起，向左迈出半步，右脚随，在左脚落地时，右脚掌上翻。

⑧头快速右转180°角，面朝西，双眼平视，尽量远眺，密切观察敌情。（图55）

图 55

⑨左手沿着从右上到左下的方向进行按摩式行走：右肺部（图 56）→心部→胃部→脾部（图 57）→左肾部→下小腹，左手插入右手手下（图 58）。

图 56

图 57

图 58

　　此刻又回到前面②的状态，右手紧紧压住左手手背，重复②至⑨的动作。不过，要特别注意，右手在经过左手手背后，要按摩左前臂内侧、左上臂内侧（图 59），再到左肩肩井；左手在经过右手手臂后，要按摩右前臂内侧（图 60）、右上臂内侧，再到右肩肩井。

图 59

图 60

单从手的运动轨迹描述是：右手→左手→左臂外侧→左肩部→心部→胃部→肝部→右肾部→小腹；左手→右手→右臂外侧→右肩部→右肺部→心部→胃部→脾部→左肾部→小腹。这个循环称为小外循环。如果上述运动轨迹，行走的是左臂内侧和右臂内侧，称为小内循环。

小内循环和小外循环连续完成，称为一个循环。

敌人来自四个方向或八个方向的练习方法，只需在一个循环过后，身体右转90°角，面朝西，或右转45°角，面朝西南；同时都是右脚后退半步，左脚随，左脚掌上翻，重复"敌人来自两个方向练法"。

如此循环转圈，以至无穷。

四、摩经磨胫的练习要求

（一）初步了解经络系统组成概况

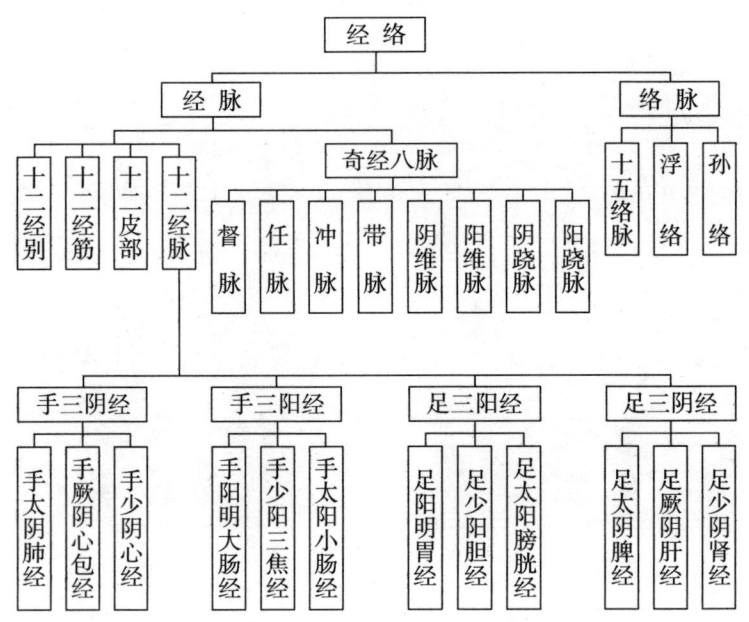

（二）了解摩经磨胫动作循行的经络路线

上肢内侧有三条阴经，分别是手太阴肺经、手少阴心经和手厥阴心包经。（图61~图63）

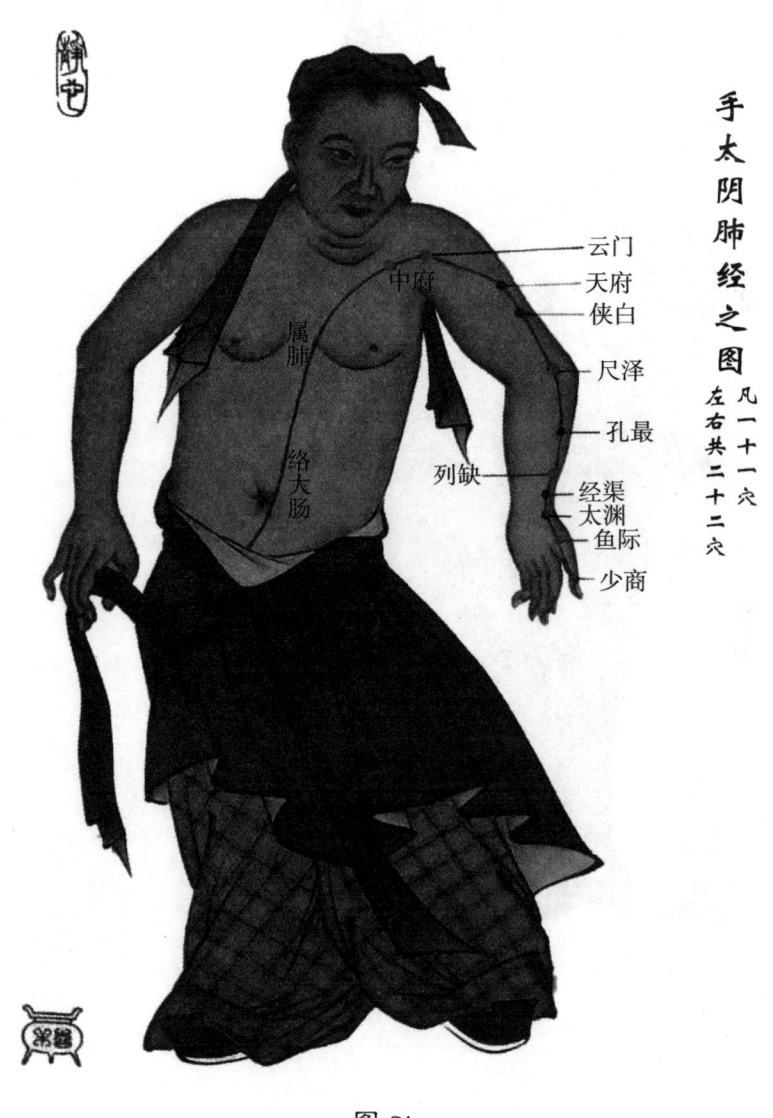

图 61

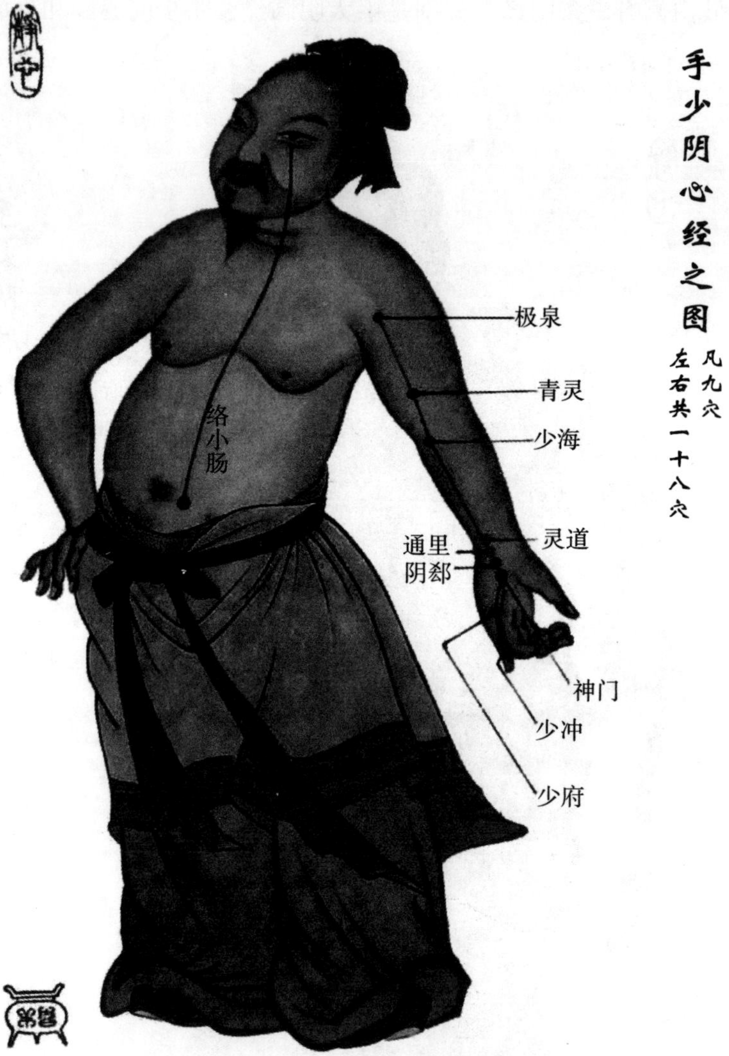

手少阴心经之图

凡九穴

左右共一十八穴

极泉

青灵

少海

灵道

通里
阴郄

神门

少冲

少府

络小肠

图 62

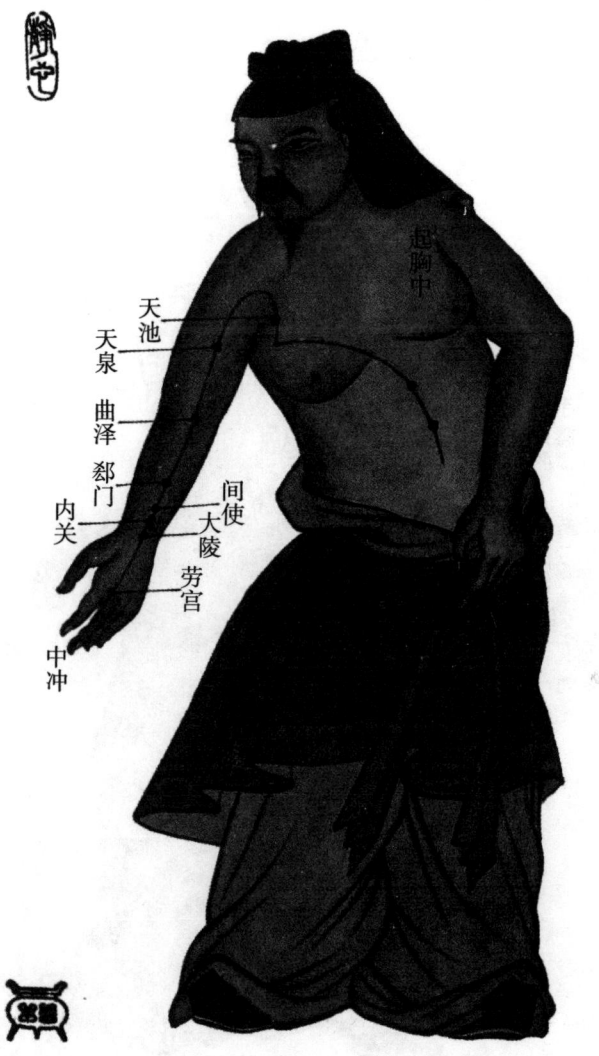

手厥阴心包经之图
凡九穴
左右共一十八穴

天池
天泉
曲泽
郄门
内关
间使
大陵
劳宫
中冲
起胸中

图63

上肢外侧有三条阳经，分别是手阳明大肠经、手太阳小肠经和手少阳三焦经。（图64~图66）

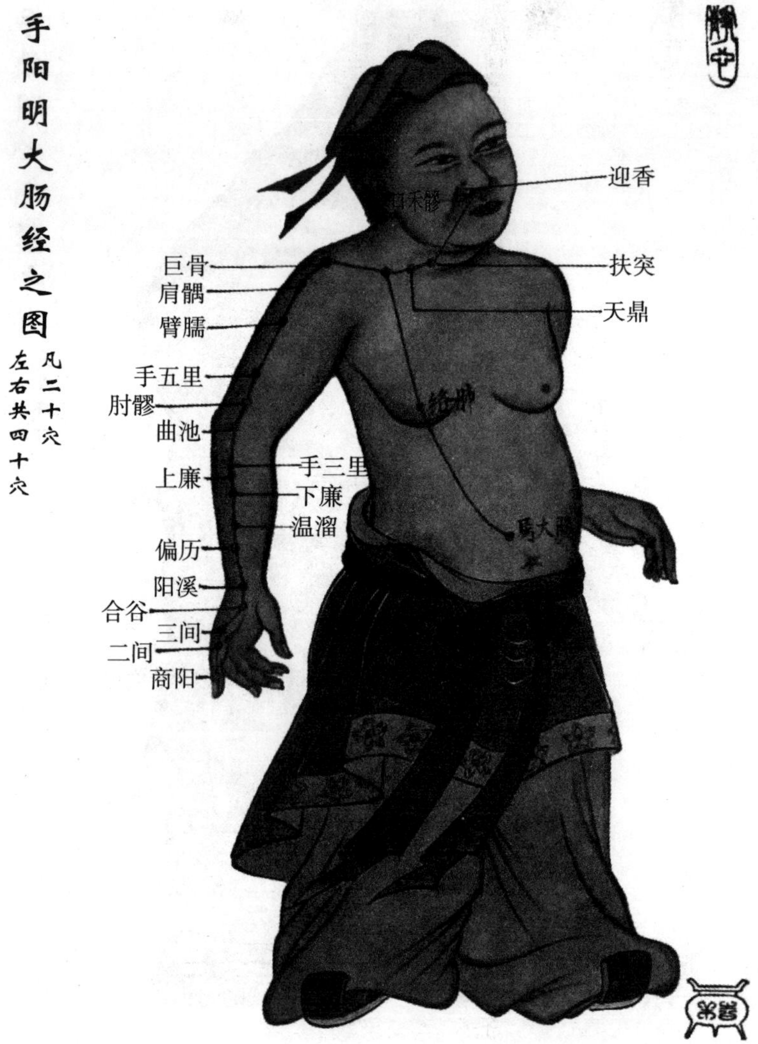

手阳明大肠经之图 凡二十穴 左右共四十穴

迎香
扶突
天鼎
巨骨
肩髃
臂臑
手五里
肘髎
曲池
上廉
手三里
下廉
温溜
偏历
阳溪
合谷
三间
二间
商阳

图64

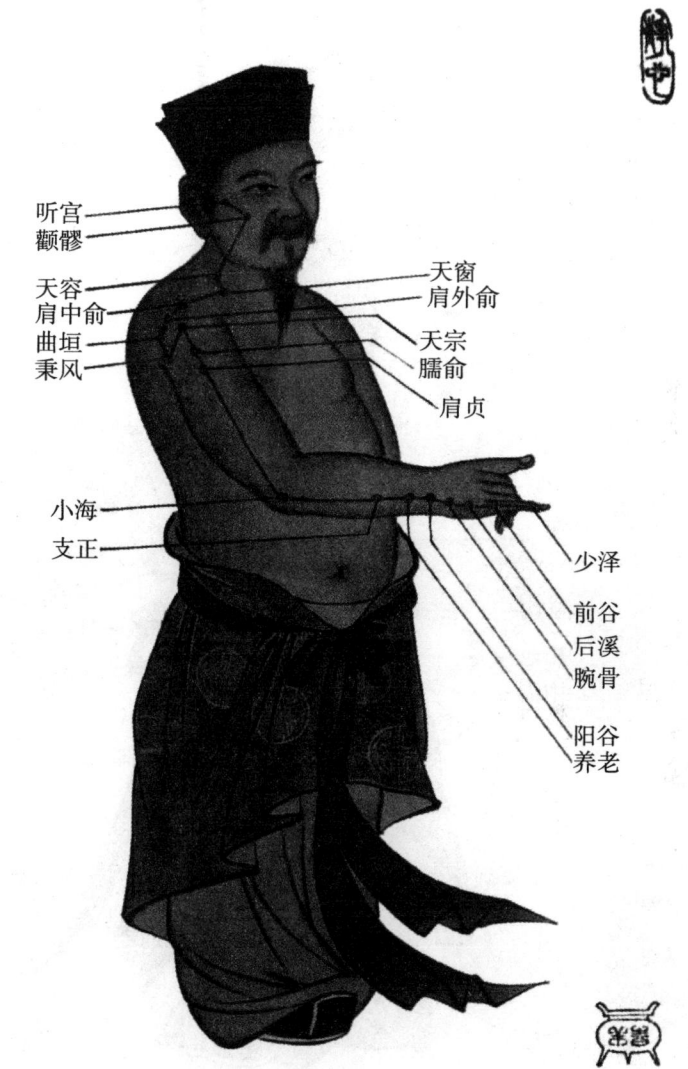

手太阳小肠经之图

凡一十九穴
左右共三十八穴

听宫
颧髎
天容
肩中俞
曲垣
秉风

天窗
肩外俞
天宗
臑俞
肩贞

小海
支正

少泽
前谷
后溪
腕骨
阳谷
养老

图 65

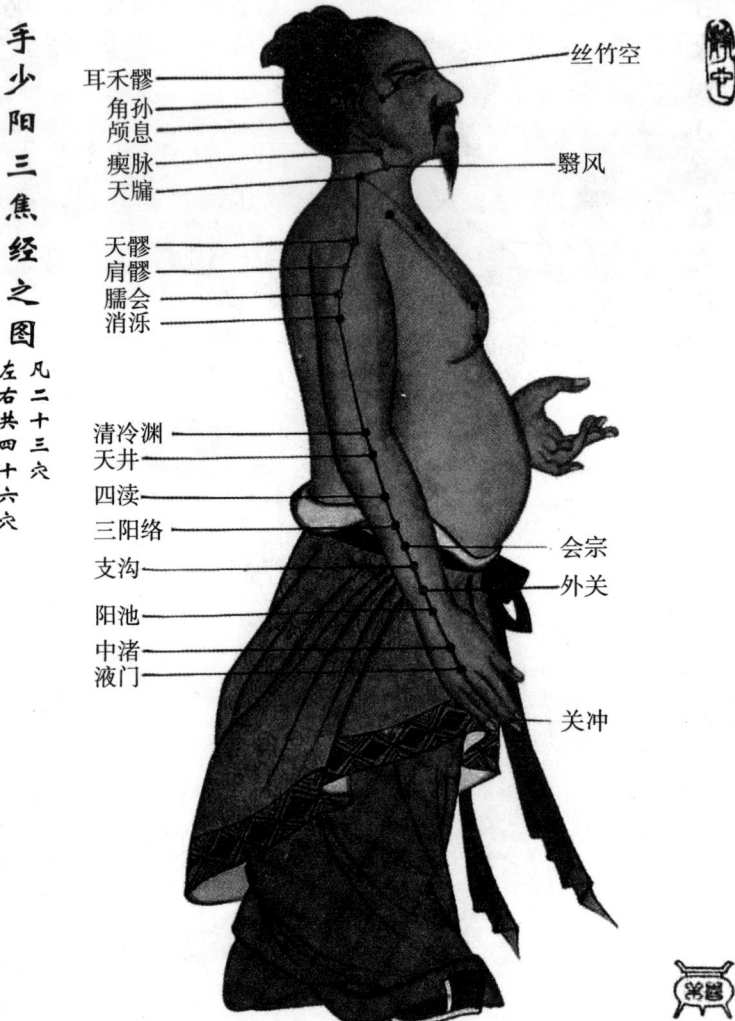

手少阳三焦经之图

凡二十三穴
左右共四十六穴

耳禾髎
角孙
颅息
瘈脉
天牖

天髎
肩髎
臑会
消泺

清冷渊
天井
四渎
三阳络
支沟
阳池
中渚
液门

丝竹空

翳风

会宗
外关

关冲

图66

手三阴经和手三阳经，占据十二经脉的二分之一。摩经磨胫的动作还作用于五脏（心、肝、脾、肺、肾）、六腑（胆、胃、小肠、大肠、膀胱、三焦）、奇经八脉和络脉。由于人体经络是一个密布全身的网络，在"心动意领"和"外部刺激"的情况下，能够最大限度调动人体内在潜能，达到沟通脏腑、联通肢体、运行气血、营养全身、传导感应、调整虚实、平衡阴阳，抗御外邪的作用。

（三）按摩必须有适当的力度，使身体和手都应该有灼热感

戴魁夏季练此功时不穿上衣，冬季衣服的前身、袖口、肘部常常被磨破，露出棉花。他这样解释"磨胫"：分布于体表的细小络脉，如同无数的小溪小河。我们用"石碾子、石磨反复碾压麦粒"，如同磨面的方法去疏通它们，使它们跟主干的经脉保持畅通。

（四）按摩的轻重缓急要根据四季的不同和身体情况的不同有所侧重，不能一概而论

具体说，春季重扶肝，夏季重养心，秋季重润肺，冬季重保肾，方法是在按摩到对应的脏区时，手的力度大一些，速度要缓一些。另如，消化不良，胃部不适，在按摩到胃部时，应加大力度，速度放慢等。同时，练习摩经磨胫，必须有意念活动的引导。戴魁常引用孙思邈的话说："瞑目内视，使心生火，想其疾所在，以火攻之，疾病则愈矣。"

（五）鹞形与燕形

摩经磨胫的练习常常跟鹞形和燕形相结合。

鹞形的练法：敌人在你身边转，寻机进攻。他是外转，你随之内转。

如果敌人没有出手，你要主动进攻，则寻好时机，跳进中门，行一字令，意念集中于肩，用肩膀击打对方。拳术中有"三拳不如一肘，三肘不如一膀"之说。（图67、图68）

图 67

图 68

燕形的练法：敌人在你身边走动，突然出手打来，你直迎上去，双手用"四两拨千斤"的滚手，像拧麻花一样，卸掉敌人之力，保护住自己，进一步双手变掌，按"一字令"标准，一手打击敌方睾丸，另一手打击敌方五官。（图69~图72）

鹞形一般称鹞膀或鹰膀，燕形往往说"燕子取水"。

图 69

图 70

图 71

图 72

五、摩经磨胫的健身作用

摩经磨胫的健身作用非常突出，非常神奇，举两个例子。

1967 年我在练习过"五行"后，开始练习摩经磨胫，过了半年，我感到戴的眼镜看不清东西了，便到医院检查。检查结果显示，视力正常，从 0.8 变成 1.5，我十分惊喜！

我问家父，回答是：这不奇怪，医生解决不了的问题，通过练功可以解决。视力恢复正常有两个原因：一个是，眼睛是诸脉交汇之处，气血充盈流畅，视网膜功能提高了，眼肌调解眼球的功能加强了，肯定对提高视力有好处。另一个是，练习中，经常要聚神看远，凝视前方，看得越远越好，这样意领气血，不懈坚持，自然对改善视力大有好处。

这个回答很有道理。经络与眼睛的关系十分密切，十二经脉中有八条经脉都跟眼部直接关联。因脏腑表里相通，可以说十二经脉直接或间接都跟眼睛相关。奇经八脉中，任、督、阳维、阴维也是以眼部为起点。与眼睛有联系的经脉具体如下。

①集中于眼或眼附近的经脉：手阳明大肠经、手少阴心经、手少阳三焦经、阳跷脉、阴跷脉、阳维脉、督脉、任脉。

②起于眼或眼附近的经脉：足阳明胃经、足太阳膀胱经、足少阳胆经。

③经过眼或眼周围的经脉：手太阳小肠经、足厥阴肝经。

④络脉、经筋与眼肌的关系：有六条眼外肌包裹在眼球外，约束眼珠。它靠支而横行的络脉、孙脉滋养，眼肌的功能跟络脉关系密切。

1998年底至1999年初，我担任国家重大工程——中华世纪坛总工程师期间，查出血压升至180/120毫米汞柱（详见附录四），医生嘱我住院。领导照顾，租下毗邻工地的梅地亚宾馆八层一套可以俯视施工现场的公寓，让我必要时休息。由于年底国家最高层要来参加庆典活动，显示十三亿人民进入新千年的良好精神面貌，在这个特定的历史条件下，我没有休息，更没有住院，而是早晚各挤出40分钟时间，练起了我青少年时代熟悉的"摩经磨胫"。锻炼在室内进行，上身只穿背心，手法偏重，速度较慢。20分钟意守涌泉，20分钟意守丹田，身体出微汗。经过半个月，在不服任何降压药的情况，血压平稳降到正常。

为什么会有这样好的"疗效"呢？从高血压产生的原因上分析，造成高血压有两个因素，一个是血的通路上出现了障碍，血管壁变厚了，血管变窄了，或其他原因阻滞了正常循环，为保持正常血流量，心脏作为"泵"就必须提高压力。另一个是，人体自身的血压调解机能失效了。

摩经磨胫的锻炼，恰恰可以把造成高血压的两个因素当成"活靶子"打掉。其机理是，磨经磨胫，意守丹田，五趾抓地，有效促进了经脉内气的通畅。深入说，大趾通足太阴脾经和足厥阴肝经，第四趾通足少阳胆经，第五趾通足太阴膀胱经，脚心涌泉穴通足少阴肾经。中医有"气为血之帅，血为气之母"及"气行则血行，气滞则血滞"的名训，气充盈了，自然血流就通畅了。也就是说，摩经磨胫的功法，恰恰可以克服血流通路上的障碍，减小血流阻力，达到降压目的。人体自身血压调解机能是一个西医概念，是说正常血压不仅受血液流速的影响，同时也受分布在血管上的神经感受器控制。而高胆固醇、高血脂不仅使血液黏稠，还可以导致血压神经感受器反应迟钝，然而摩经磨胫的作用，能够极大地调动起人体自身的正能量，改善人体自律神经系统及内分泌系统的失调，活化血压神经感受器细胞，使反应迟钝的神经感受器再度灵敏起来，达到血压的正常。这一切说明，摩经磨胫锻炼对健身养生的突出作用，完全有它的科学内涵。

第六章

一、原文　五行相克

　　劈拳似斧，属金非斧，有捧撑掇碟之势。崩拳似箭，属木非箭，舟行浪头之势。金克木，所以劈拳能破崩拳。横拳起落似弹，属土非弹，有轮行壕沟之势。木克土，所以崩拳能破横拳。躜拳似闪，属水非闪，有山倒岭塌之势。土克水，所以横拳能破躜拳。炮拳似炮，属火非炮，有江水拍岸之势。水克火，所以躜拳能破炮拳。火克金，所以炮拳能破劈拳。

二、解读　五行相克

　　劈拳好像斧子，属金但不是斧子，动作好像捧着手掌端着碟子。

　　崩拳好像射箭，属木但不是射箭，动作好像舰船在浪涛中前进。金克木，所以劈拳能破崩拳。

　　横拳好像子弹，属土但不是子弹，动作好像车轮在壕沟里行走。木克土，所以崩拳能破横拳。

　　躜拳好像打闪，属水但不是打闪，动作好像山倒岭塌一般。土克水，所以横拳能破躜拳。

炮拳好像放炮，属火但不是放炮，动作好像江水拍岸一般。水克火，所以躜拳能破炮拳。火克金，所以炮拳能破劈拳。

三、五行拳练法

（一）劈拳

在蹲猴式基础上，右脚掌上翻，两肘夹住两肋，右手在小腹部变掌，左手护住右手手腕，从腹部出手，向前上方敌人下巴处打去，此时平举的手掌好像端着碟子。随着基本步法及一字令动作，右肘部凸起，击打敌人心区。以上动作为"拳打一阳"。（图73~图75）

图 73

图 74

图 75

　　随之缩成猴式，行寸步，再次完成一字令动作，同时右手变为拳，左手始终紧护右手手腕，双手联合在一起击打敌人面部、胸部，再砸向腹部。这个动作为"还一阴"。（图76、图77）

图 76

图 77

　　拳打一阳还一阴是不间断的。劈拳用掌、肘、拳的连击，几乎看不出具体"造型"，因为要求有闪电般的速度。这样的连击，比拳击比赛的组合拳要凶狠得多，因为有内力作用。三拳不如一肘，用好肘是劈拳的重中之重。

以上的练习是先出右腿右手，也可以先出右腿左手，或先出左腿左手，或先出左腿右手。各种手脚的配合均应熟练掌握。

（二）崩拳

在蹲猴式基础上，左脚掌上翻，两肘夹住两肋，从小腹开始，左手变拳，右手紧护住左手手腕，向前上方敌人面部打击，动作好像乘风破浪行驶的军舰。以上动作为"拳打一阳"。（图78、图79）

图 78

图 79

随着基本步法和一字令动作的消失，瞬间缩成猴式，行寸步，再次完成一字令动作，右手紧护左手手腕，双手击打敌人面部、胸部，再砸向腹部。这个动作为"还一阴"。（图80、图81）

以上是崩拳先出左腿左手的练习，也可以先出左腿右手，或先出右腿右手，或先出右腿左手练习。各种手脚配合的练习都应该熟练掌握。

图 80 图 81

(三) 躜拳

在蹲猴式基础上，右脚掌上翻，右前臂上抬，抬至手掌与肩平，左手护住右手手腕，向敌人欲出手的肩与上臂的交接处，用将、滚、压的方法，压制住敌方出手，这将、滚、压动作的威力好像山倒岭塌一般。演变过程如图82~图84所示。

图 82 图 83

图 84

压制住敌方出手时，腰随之左转，身体侧对敌人。拳谱上称这个动作为"看正却是斜，看斜却是正"。之所以有"山倒岭塌之势"，完全在于一字令动作产生的爆发力。左手变拳，右手攥住左拳，顺势向敌人腹部打去。这个动作为"还一阴"。（图85、图86）

图 85

图 86

踩拳是戴氏心意拳中著名的"三拳"之一。另外两拳为裹拳和践拳，随后叙述。拳谱上有"踩拳、裹拳、践拳三拳一气演"之说。

以上示范是先出右脚右手的练习，也可以先出右脚左手，或先出左脚左手，或先出左脚右手。这四种练习均应熟练掌握。

（四）炮拳

在蹲猴式基础上，左脚掌上翻，两肘夹住两肋，双手在腹部，手心向下，左手在下，右手在上，两手交叉，随着"一字令"动作，双手截住敌人的来拳（或掌），用"拨、滚、翻"的手法，撕开敌人胸膛。这"拨、滚、翻"的动作好像海浪拍打岸边的岩石卷起的浪涛。这个动作为"拳打一阳"。（图87、图88）

图 87

图 88

随即束身，行寸步，再次完成一字令动作，双手由掌变拳，双拳交叉，左拳在下，右拳在上，顺势双拳打向敌人，打击的部位要灵活。这个动作为"还一阴"。（图89、图90）

戴传心意拳秘谱解读

图 89   图 90

以上的示范是先出左脚右手在上的练习，也可以先出左脚左手在上或先出右脚右手在上，或先出右脚左手在上进行练习。四种练习应熟练掌握。

（五）横拳

在蹲猴式基础上，右脚掌上翻，两肘夹住两肋，双手在腹部，右手握拳，手背朝下，左手紧贴在右手手腕部，随"一字令"动作，向敌人腹部打去，同时右拳向内90°角旋转。（图91、图92）

图 91   图 92

以上是先出右脚右拳的练习，先出右脚左拳、先出左脚左拳、先出左脚右拳的练习均应该熟练掌握。

四、五行拳练习要求

①前面讲到的"明三节""齐四梢"和"闭五行"的要求，仍然必须做到，并且加深理解。戴魁强调：一字令——顶、蹬、奔、直、弓、催、翻，瞬间爆发，瞬间消失，练的是突如其来的"抖"劲。心一动，气随之来，就是下丹田的疾速发动，通过肢体直达你要攻击的部位。

②必须调养三性。什么是三性呢？眼为见性，眼见则明；耳为灵性，耳听则聪；心为勇性，心到力生。三性是拳法不能分离的要素。因此，眼要不时常循环，耳要不时常报应，心要不时常警醒。这样，精灵之意在我，不致被人所误。随时提防小心，切莫恃功傲物，招来祸端。

③戴师要求心意拳要练成"刚中有柔，柔中有刚"。他常说："柔中有刚攻不破，刚中无柔不为坚。长见短不能缓，短见长不用忙。步不稳则拳乱，步不快则拳慢。"还常说，"刚柔转换，全在用意，存乎一心。"这些含有深刻哲理的独到见解，真不愧出自一代拳师。这跟岳飞回答宗泽有关"阵图"质询时所说的"运用之妙，存乎一心"一脉相承。

④戴氏心意拳一贯主张"先打顾法后打人"。著名的三拳——躜拳、裹拳、践拳都是先打顾法。五行拳中躜拳、炮拳都是先打顾法。但任何事情都不是绝对的，拳术上绝不能教条死板，失去灵活多变。戴魁认为，打顾法就是"柔中有刚"。顾法应根据敌方打法的不同而不同，从形式上分，有双顾、单顾、上顾、下顾、左顾、右顾、前顾、后顾等。从用力上分，有硬顾和软顾两类。凡先打顾法的都是软顾，就是借敌人之力打敌人，或说借力使力。硬顾则是用有弹性的灵活的刚劲，硬碰硬去打。

⑤戴师在教授五行拳时，还强调在"心为元帅"的条件下，做到"身

弹、膝奇、脚准、手妙"。所谓"身弹"，指身体有弹性，受到外力时，身体像弹簧，能把敌人之力"弹"回敌人。或者说，由于气功的作用，身体有足够的抗击打能力。所谓"膝奇"，就是拳谱上说的"膝打三处人不明"，指冲击敌人膝盖，使其从根上失去平衡，失去重心。所谓"脚准"，有两重含义，一个是双方交战，脚要找到有利的地形；另一个是拳谱上指出的"踩住中门去打人，如蛇吸食"。所谓"手妙"，也有两重含义，一个是手有拨转之能，四两拨千斤；另一个是五行拳出手全部是双手，其威力比单手大得多，再依靠内功做后盾，没有不胜之理。

五、裹拳与践拳

（一）裹拳

裹拳是把敌人的来拳（或掌），缠裹进自己的手下或臂下。

练法是右上臂夹住右肋，右前臂伸展至右肩上方，右手腕、右前臂向自身左下腹方向转、滚、捋、压。（图93、图94）

图93

图94

当右手过自身心前部时，左手做同样的动作，左手腕、左前臂向自身右下腹方向转、滚、捋、压。（图95、图96）

图 95

图 96

两前臂两手交替在胸前转、滚、捋、压时胸部不能出现空当。一旦裹住敌方的来拳（或掌），一字令即爆发，正如拳谱上所说的"沾身纵力"。这个动作称为"拳打一阴"。

随即束身，行一字令，出横拳，或出崩拳，或出劈拳。这个动作称为"还一阳"。裹拳过后可以接任意一拳，要灵活多变，绝不能死板，拘泥于现成套路。

根据力学原理，有正力必有反力，裹住敌人后，敌人必有反力，此刻便可借力用力了。按戴魁的教导，这就是"软顾"，以柔克刚。

（二）践拳

践拳是把敌人的来拳（或掌）向左右外侧滚、转、拨，造成敌人露出胸腹，进行打击。练法是双手交叉，右手在上，左手在下，手心向下，迎

戴传心意拳秘谱解读

着敌人的来拳（或掌），跟一字令同步，交叉的双手突然向外上方滚、转、拨。这个动作称为"拳打一阳"。（图97、图98）

图 97

图 98

随即束身，行一字令，双掌变拳，两手腕交叉紧贴，打向敌人。这个动作称为"还一阴"。（图99、图100）

图 99

图 100

20世纪20年代初，戴魁在绥远（今呼和浩特）地区担任商震将军保镖，曾经用此拳打死了武霸刘二。刘二众多的徒弟疯狂寻衅欲杀害戴师，他被迫返回故里山西祁县。1924年戴魁被后人称为"优秀晋商人才"的程正午接到家中，直至1951年辞世。

六、五行拳的健身作用

五行指金、木、水、火、土五种物质的运动。中国古代人在长期生活和生产实践中认识到金木水火土是必不可少的最基本物质，并由此抽象概括为一切事物都是由这五种物质之间的运动变化而生成。这五种物质之间存在着相生相克的关系。

中医运用五行学说，结合长期医疗实践所积累的经验和知识，对人体生理、病理的变化规律，内脏功能和相互关系，以及人体与自然界的关系，都有很深入的研究和把握。中医药确实是一个伟大的宝库。

五行学说主要以相生相克说明事物之间的相互关系。相生指相互资生、促进、助长；相克指相互制约、抑制、克服。其相生关系为：金生水、水生木、木生火、火生土、土生金。其相克关系为：金克木、木克土、土克水、水克火、火克金。

心意拳运用五行学说，总结出练功健身需要外在自然环境的五行（春、夏、长夏、秋、冬）跟身体内在的五行（肝、心、脾、肺、肾）统一协调，才能达到最佳效果。也就是说要充分遵照五行生克的理论，选择适宜的练法，因人因时辩证锻炼。这种观念，实质是"天人合一"思想的延伸，并且依据相生的顺序，归纳出指导锻炼的"自然、人体、五行对应关系表"。

五行	拳属	自然				人体			
		时间	季节	颜色	方位	脏	腑	情态	五官
木	崩	上午	春	青	东	肝	胆	怒	目
火	炮	中午	夏	赤	南	心	小肠	喜	舌
土	横	下午	长夏	黄	中	脾	胃	思	口
金	劈	傍晚	秋	白	西	肺	大肠	悲	鼻
水	躜	半夜	冬	黑	北	肾	膀胱	恐	耳

注：长夏指春夏秋冬换季的最后 18 天，属中医学范畴。

　　例如肝不健，按季度安排，肝属木，应春季练习崩拳；又可以根据水生木，肾属水，应在冬季练习躜拳，以补肾养肝。按一天的时间安排，应在上午练习崩拳，半夜练习躜拳，以达到健肝的目的。

　　再如肺不健，按季度安排，肺属金，应在秋季练习劈拳；又可以根据土生金，脾属土，应在长夏练习横拳，以补脾养肺。按一天的时间安排，应在傍晚练习劈拳，下午练习横拳，达到健肺的目的。

　　其他脏腑不健的锻炼，均可以根据"自然、人体、五行对应关系表"中的对应关系来推导。这种方法是依据中医学五行生克理论来健身强体的典型功法。《黄帝内经》云："天地之间，六合之内（四方上下为六合），其气九州，九窍（眼二、耳二、鼻孔二、口一和前阴、后阴下二窍）五脏十二节，皆通乎天气。"清楚地说明人与自然界相应的密切关系。一年四季气候的变化，一昼夜人体经脉气血的变化，使人的生命活动呈现节律性的变化。

　　在第一章"桩功练习的健身作用"中，我曾经用"用蓝天为纸，黄河为墨，写都写不完"来形容练习心意拳对健身强体的好处。在第三章"摩经磨胫的健身作用"中，列举了我亲身感悟的两件事来说明练拳对健身的突出而神奇的作用。这些绝非虚夸，而有实实在在的内容和科学的机理。

第二篇　解读、技法与健身

151

桩功练习、摩经磨胫练习跟五行拳练习本身是一个整体，但是比较起来，五行拳的练习更重要。因为这五种打法，全部要体现外三合（手与足合、肘与膝合、肩与胯合）与内三合（心与意合、意与气合、气与力合）的和谐统一。

外三合与内三合比较起来，内三合是根本。以劈拳为例，在"拳打一阳"中，一字令下产生的爆发力，意念要集中于肘尖，也就是说内气要在肘尖突然集中爆发，这就是心与意合、意与气合、气与力合的过程；在"还一阴"中，双拳合在一起，在一字令下产生的爆发力从敌人面部、胸部打到小腹，意念要引导气集中在拳上，这也是内三合的过程。

《念力的秘密》一书63页中讲道：麦克拉蒂的结论（心脏是人体里最大的"脑子"）后来得到蒙特利尔大学的约翰·安德鲁·阿穆尔博士的进一步印证。阿穆尔发现，心脏里的神经递质可以影响脑部的高级思维区。该书146页中似乎在论证练五行拳的生理心理过程：运动员锻炼身体时，神经信号会沿着特定路线刺激肌肉，而它所携带的化学物质也会在路径上留存一小段时间。因为有这处残留效果，日后任何沿同一路径进行的刺激都会传输得更顺畅……就像是在一片荒凉的旷野铺下了铁轨。该书24页指出：人类能发送能量是完全讲得通的。大量证据也已证明，所有活的人体组织都带有电荷。把这些电荷放在一个三维空间，会引起一个以光速行进的电磁场。这也就是说，持之以恒地练习五行拳，能够使人体组织内千万个电器原件（电阻、电容、导线、二极管、三极管等）保持灵敏、可靠的运转机能，从而达到全面健身的目的。

第七章

一、原文　五行相生

　　金生水，所以劈拳能变躜拳。水生木，所以躜拳能变崩拳。木生火，所以崩拳能变炮拳。火生土，所以炮拳能变横拳。土生金，所以横拳能变劈拳。拳法意来本五行，生克里边变化精。学者要知真消息，只在眼前一寸中。

二、解读　五行相生

　　金生水，所以劈拳能变躜拳。水生木，所以躜拳能变崩拳。木生火，所以崩拳能变炮拳。火生土，所以炮拳能变横拳。土生金，所以横拳能变劈拳。

　　五行拳的意义从本质上说是拳术的代表，其中相生相克的变化非常复杂和微妙。学习的人要真正懂得这些复杂微妙的变化，只能在实践中专心感悟和体会。

三、注释

①"拳法意来本五行，生克里边变化精。学者要知真消息，只在眼前一寸中"这四句，是律诗七言绝句的形式。严格按诗词格律的标准分析，它够不上律诗。由于押韵，这里姑且当成律诗。这种句式和骈文体句式（四字句、六字句、七字句）在该拳谱中被普遍使用。

为什么拳谱普遍采用"诗"或"骈文"类的句式呢？这要从传统中国古代文化说起。唐诗、宋词、元曲在当时的年代都具有举世公认的辉煌成就。当时通讯和传媒手段比今天落后得太多太多，写成押韵的诗和骈文，容易记忆，容易歌唱，朗朗上口，容易传承，这种风气到清朝一直延续下来。这就是该拳谱普遍使用诗句和骈体文的原因。

②"学者要知真消息"句中的"消息"一词，源自《易经》中"消息卦"。"消息卦"指卦中阴阳爻的关系，阳爻去而阴爻来称为"消"，阴爻去而阳爻来称为"息"，合称为"消息卦"。其中内容极为复杂，这里不去讨论。

③《易经》是东方文化的源头，是世界最古老的哲学典籍。《易经》认为自然界与人类社会的一切事物都是由阴、阳对立统一而形成的，并且相互依存、相互渗透、相互转化。它用奇数的一长划（"—"）代表阳，用偶数的两短划（"– –"）代表阴，一个阳或阴的符号称为一爻，取三爻进行排列组合 $[(1+1)^3 = 8]$，可以得出八种图像，这些图像称为卦象，就是八卦。

④对于易经的主要观点，先人曾用太极图来表示（图101）。这个图的意思是无极生太极，太极生

图 101

戴传心意拳秘谱解读

两仪，两仪生四象，四象生八卦，八卦演化而成六十四卦，六十四卦代表万事万物，无穷无尽。"无极"的意思是空间和时间的无限性。人类活动是无极中的一个片段。

⑤拳谱中引用"消息"一词，意在说明，与敌交手中，五行相生相克的关系不是一成不变的教条，一定要因人因时因地而异，遵循阴消阳长、阳消阴长的规律灵活处置。

第八章

一、原文　六合拳论（原根势）

　　起手横拳势难招，展开四平前后梢。望眉斩截，反背如虎，搜山斩手炮。俱行如风，鹰捉四平，足下存身，进步采打莫容情。抢上抢下，步十丁字立。剪子股势如擒拿。进步不胜，必有寒势之心。打人如走路，看人如蒿草。但上如风响，起落似箭攒。遇敌要取胜，四梢俱要齐。手起脚不起则枉然，脚起手不起亦枉然。未起是摘字，未落是坠子。三意不相连，必定意见浅。拳去不空回，空回总不奇。兵行诡道，枪扎如箭射。拳上一气，兵战杀气，无不取胜。君与臣，将与兵，合一气，盖乾坤。并无反意。远进一丈步位疾，两头回转寸为先。早知回转这条路，近在眼前一寸中。守住一心行正道，小路虽好车难行。拳打遍身之法，脚踏浑身是空。远去不发脚，发脚不打人。见空不打，见空不上。先打顾法后打人，先打那里，顾法浑身之法，俱打打的是本身。随机应变，手起未要望空落，脚去不要望空落。闪展两边，提防左右。强者往后，跟拾连紧追。随高打高，随低打低。起为横，落为顺，为其正方。心不勇，手不推，搐不止，多出变化。三存者不上。心里所悟，原来是本，心不明四梢，上节不明，浑身是空；中节不明，多出七十二把神变；下节不明，多出七十二盘跌。有反意必有反气，有反气必有

戴传心意拳秘谱解读

反力。言其心形未动必有异反之心。眉笑面喜不动唇，提心防他必有伶俐之心。能知其归一合顺，则天地之事无不可推矣。识见不是随时艺，遇世事无有不到头。

戴公云：文武古今之圣传，且是国家之大典。上有益于社稷，下能趋吉避祸，此人生不可缺也。今之武者，专论架势封闭闪法，不知日间瞭然在目，还可少用。若黑夜之中，伸手不见，如何用之？必至反误自身，悔何及哉！惟刚大之气，养之于素，而或然发于一旦，依本心本性，直扑上去，随右打右，随左打左，不怕身大力勇者，一动而即败矣，世人深察之否。

二、解读　六合拳论

双方交手中使用横拳，对方难以招架，因为横拳出手隐蔽、快速、距离短。用横拳，身体不能左歪右斜、前倾后仰，方方面面都要照顾到。前方的敌人，要看着他眼睛打，抓住机会，速战速决。对于身后的敌人，时时警惕，如同老虎一样，不论是明面的还是暗藏的都要找到，各个击破。动作要迅猛，像一股巨风，无处不到，又像雄鹰抓住小鸡，四平八稳。这些都要归功于脚下有功，才使身体矫健轻灵。

与敌交手不能留情面，抢上或抢下，为的是抢站十字路口或丁字路口的有利位置。步法使用剪步，保护好自己的下裆，手法使用擒拿的技法，使敌丧失还手之力。进攻不胜会带来对自己不利的形势，这是千万要避免的现象。

心意拳打人像走路一样，看敌人像路边蒿草。交起手来，脚下要生风，身体像射箭，动作闪电般迅捷。要战胜敌人，四梢都要发动，即舌要催齿，牙要断筋，指要透骨，发要冲冠。也就是说，心与意合，意与气合，气与力合，手与脚合，肘与膝合，肩与胯合，全部要发动。手动脚不动没有用，脚动手不动也没有用。进攻前身体为猴式，似手要向前上方去摘东西，进攻完毕，身体又恢复为猴式，好像是重物坠地。内外三合没有统一形成整体打法，说明功夫太浅。

交战中打出去的拳不应该空着回来，但是空手回来了也不奇怪，因为交战的状态难以预料是什么情况。排兵布阵，不能让对方有任何觉察，还要有迷惑敌人的手段；枪扎过去快如箭射，不容敌人有反应的机会。跟敌人交手，一"明三节"，二"齐四梢"，三"闭五行"，如猛虎之怒、蛟龙之惊，没有不胜之理；如果兵团作战，将士同仇敌忾，充满杀气，也没有不胜之理。这就是说，君王与大臣、将军和士兵，团结一致，无敌于天下。这种气势跟心意拳的要求是一致的。

距敌人三四米远，要用快步。距敌人一米以内，要用剪步。如果遇到前后两个敌人的情况，那就要用寸步。应该早就掌握对付前后两个敌人的打法。寸步的使用复杂而微妙，一定要潜心感悟。实践出真知，要专心走这条正确的路，靠投机取巧、侥幸心理意外取胜，就像"小路虽好车难行"一样是行不通的。

心意拳要的是整体打法。不能高抬脚，抬脚没有根基，浑身是空。敌人距离远，不能发脚，因为发脚打不到人。时机不好，不去打也不上。如果时机来了，也要先打顾法后打人，看准目标直扑上去。

使用顾法同样要用整体的力量，应明白打敌人的位置跟打自己的位置是一样的，比如打敌人心脏，自己心脏的位置就是敌人心脏的位置。交战中形势千变万化难以预料，所以要随机应变。出手和出脚都要稳、准、狠，闪展两边，提防左右。对顽强抵抗的敌人要紧追不放，随高打高，随低打低，起为横，落为顺，不给敌人喘息之机。这是正确的方法。

然而没有学到真传，就会导致失败。表现为，心动生不出勇气，手动推不了东西，反而跟抽风一样抽搐不止，多出了许多不利于己的变化。练这种假拳，存在三个致命错误：存怯、存滞、存钝，即心里存在胆怯，

戴传心意拳秘谱解读

体内存在气滞，动作存在迟钝。有了三存就不可能上进了。拳练到这种地步，练者本人也会明白原因，四梢不能惊起，上节出拳打空，中节七十二种乱变，下节七十二种乱变，甚至连连跌倒。这都是"三存"带来的恶果，正中了"有反意必有反气，有反气必有反力"的说法。

说到处世，一般看不出人心和行为的好坏，但是必须有"害人之心不能有，防人之心不可无"的心态。有些人眉笑面喜，更要提防是否为假相。做到这样，天地之间的事就容易把握了。正确的认识和见解不是短时间内可以学到的，需要长时间的积累和用心，这种学习没有尽头。

戴魁老师说，治理社会一文一武是从古至今的圣传，是天下最重要的大事。上有益于国家，下有益于人民，趋吉避祸，人生不可缺少。今练武的人，故步自封，闭门造车，闪展腾挪，花拳绣腿，不知耻地光天化日之下在世人面前显示，奉劝他们少在实战中应用。如果在黑夜之中使用更会招致失败，那后悔也来不及了。

只有心意拳是无敌的刚柔兼备的拳术，昼夜交战都游刃有余。功夫来自平日的锻炼。一旦交手，蓄势而发，闻风而动，直扑上去，沾身纵力，随右打右，随左打左，不怕身大力勇者，一交手便把敌人打败。人们可以深入观察是不是如此。

第九章

一、原文 手脚法

　　眼要毒，手要奸，脚踩中门裆里躜。眼有鉴察之精，手有拨转之能，耳有听风之灵，鼻有息气之精，舌有尝味之巧，脚有行逞之功。两肘不离胁，两手不离心，出洞入洞紧随身。乘其无备而攻之，由其无意而出之。前脚趁前脚，后脚踩腿弯。后脚趁前脚，前腿抬后连，起先前进左腿随。心与眼合多一明，心与舌合多一精，心与耳合多一灵，心与鼻合多一力。先分一身之法。心为元帅，胳膊、脚为五营四哨。左为前锋右为将，手足相顾。准备万般千着，不如一着熟。早知此应验，过后见识不如无。头为一拳，肩为一拳，肘为一拳，把为一拳，胯为一拳，尾为一拳，膝为一拳，足为一拳。头打落意随足走，起而未起占中央，脚跳中门抢地位，就是神手也难防。肩打一阴反一阳，两手只在洞中藏。左右全凭盖世力，束长二字一命亡。肘打去意占胸膛，起手好是虎扑羊。或在里胯一傍走，后手只在肋下藏。把打起落头手挡，降龙伏虎霹雳闪。天地交合云遮月，武艺相战蔽日光。胯打中节并相连，阴阳交合必自然。外胯好似鱼打挺，里胯抢步变势难。尾打落意不见形，猛虎坐窝藏洞中。背尾全凭精灵气，起落二字自分明。膝打几处人不明，好似猛虎出木笼。和身展转不停势，右左明拨任意行。足打踩意不落空，消息全凭后足蹬。与人交勇无许备，去意好似卷地风。脚打七分手打三，五行四梢要和全。气孚心意随时用，硬打硬进无遮拦。起无形，落无踪，起如蛰龙登天，落如霹雷击地。以上下左右十四处打法，俱不脱丹田之精。腹打去意要粘阴，好似还弓一力精。丹田久练灵根本，五行合一见奇能。

二、解读　手脚法

双方交手中，眼睛要敏锐，双手要打得准，脚在踩住敌人中裆的瞬间，"顶、蹬、奔、直、弓、催、翻"的一字令突然爆发，一举击败敌人。

眼的作用是观察，观察得精准。手的作用是卸敌之力，借力打力。耳的作用是听战场上的动静，确定进攻方向。鼻的作用是闻气味，通过气味判断形势。舌的作用是尝味道。脚的作用是走路，在交手中立功。总之，心意拳为整体打法，要调动一切生理机能克敌制胜。

心意拳特别注重防护。交手中，为保护五脏六腑，两肘不能离开两肋。实际上"展身而击"时，两肘也会离开两肋，只是时间很短，人们会感觉两肘没有离开两肋。两手总是护在胸前。打出去的手和肘，都是爆炸式地出击，马上就回来。

施展拳手的时候，要看准时机。趁敌人没有准备或薄弱的环节出手。一旦出手，一定要"拳打一阳还一阴"。或者说，前脚踩住敌人中裆的时候，已经随过来的后腿，用"一字令"的要领进攻敌人，此刻后腿又跟了上来，再次用"一字令"的要领打击敌人，这种进攻，如果先上的是右脚，则左腿蹬且随，如果先上的是左脚，则右腿蹬且随。

心与眼合使眼睛更明亮。心与舌合使动作更敏捷。心与耳合使听觉更灵敏。心与鼻合使力量更强大。心跟"谁"先合还是后合都一样，不分先后，都是整体打法的一部分。这种整体打法中，心为最高统帅，胳膊腿脚等都是驻守在东、西、南、北、中五个营地的部队和四个前沿哨所的士兵。左侧为前锋，右侧为大将。各个兵营和哨所相互呼应支援，形成一个无坚不摧的铜墙铁壁。

武术界有"千招儿会不如一招儿熟"的说法。这是被检验的人们早就知道的真知灼见，要坚持这种正确认知。

心意拳虽然为整体打法，细分起来，可以这样说：头为一拳、肩为一拳、肘为一拳、掌为一拳、胯为一拳、尾为一拳、膝为一拳、脚为一拳。不管什么拳，都要跟脚密切配合。脚要准确抢占中央位置，五趾抓地，踩住中门，就是神手也抵挡不住这样的进攻。

肩打一阴反一阳，两手在胸前准备，接着不管从左边打还是右边打，那种强大无比的冲击力随着"束身而起"到"展身而击"便会歼灭敌人。

肘打的是敌人心脏，下一步便如同老虎扑羊，或者裹胯从侧面进攻，两手在肋下待发，使用顾法阻挡敌人的进攻，那气势如同降龙伏虎，那速度如同霹雳闪电。

交战之中，自己可以比为天，敌人可以比为地。优先封打敌人眼睛，让敌人失去光明，让他感到"蔽日光"。

胯打的是敌人中节，也需要阴阳并用，一展一缩流畅自然。展打时外胯好像鱼打挺，裹胯时抢步占据好位置，敌人难以逃脱。

尾部打人看不见形状，好像猛虎坐在窝里藏在洞中。防御背后和尾部之敌完全凭借的是警觉和灵气，身体一起一落转身回防干净利落。

膝盖打人多次，从根本上使敌人失去平衡，敌人都不明白怎么回事，好像猛虎跳出木笼，令敌人惊慌失措。

前后的防守和攻击都要用整体之力，并且连续不断出手，左右明拨任意打。前脚踩如踩毒物不能落空，后脚蹬不怕蹬塌地地蹬。后腿蹬是力量的源泉，制胜的关键。如此，与敌交手不需准备，一动则全身动，脚下便是风。脚打七分手打三分，体内的五行——心、肝、脾、肺、肾和体外的四梢——舌、眼、鼻、耳中的内气全部流通充盈，在"心意"

的指挥下随心所欲，硬打硬进，如入无人之境。起看不出踪影，落也没痕迹，起如潜伏的蛟龙升天，落如霹雷击地。所有这些上下左右十四处的打法都离不开丹田元气的支撑。正如拳谚说的："腹打去意要粘阴，好似还弓一力精。丹田久练灵根本，五行合一见奇能。"意思是，丹田之气的强盛依靠的是强健的身体，好像弓箭拉得饱满、射得精准依靠的是内气的充盈，持久锻炼丹田是保证智慧和力量的源泉，五行合一可以保证高超拳技的发挥。

第十章

一、原文　踩扑裹舒绝（总打法）

踩者，如踩毒物也。扑者，如猫虎扑物也。裹者，如包裹而不露也。舒者，舒展其技也。绝者，抖绝也。一绝无不绝也。

二、解读　踩扑裹舒绝（总打法）

与敌搏斗时，两脚稳稳踩在地上，五趾抓地，好像钉在地上一样，又好像踩住毒蛇的脖颈，不允许它有挣扎的余地。

迎击敌人，猛扑过去，像猫抓住老鼠、虎擒住野猪，牢牢咬住它们的喉咙。

心意拳中有"裹拳"，意思是短兵相接中，必须限制住敌人的手脚，把敌人控制在最容易对他发动攻击的范围内，而不透露自己的任何意图。

趁其不备，出其不意，施展适当的绝技，攻击敌人要害，消灭敌人。

瞬间致敌毙命，没有人不称"绝"。

心意拳在心理上、技术上驾驭搏斗的能力，其他拳术不能撼动，一形一式都是绝招。

三、深度解读

本章虽然仅 42 个字，但却高度概括了心意拳手与敌人战斗时总的交手原则，内涵非常丰富，包括了心法（思想、精神、学识）、技法（脚法、腿法、手法、身法）等各个方面，以及必须达到的四项要求。

1. 行拳必须像闪电一样快速

以劈拳为例说明。原谱中说："劈拳似斧，属金非斧，有捧撑掇碟之势。"拳打一阴还一阳或拳打一阳还一阴。劈拳中的"一阳"用于打击敌人的下颌和心脏；"一阴"用于从脸部打下，沿任脉打过肺部、心部直接砸到丹田。

这"拳打一阳还一阴"必须在一秒钟内完成，即一秒钟内要完成两个"一字令"，也就是两次"蹬、顶、奔、直、弓、摧、翻"的动作，如果内气不充足，技术不娴熟，只能望尘莫及。

心意拳其他各形，对速度的要求都是如此。

2. 力量必须像炸弹爆炸一样集中

拳谱《手脚法》中说："足打踩意不落空，消息全凭后足蹬。与人交勇无需备，去意好似捲地风。"又说："气孚心意随时用，硬打硬进无遮拦。"

这些话表达了五层意思。第一，踩住中门，如蛇吸食，上步进身，必有斩获；第二，能量在脚蹬的瞬间完全释放给敌人，使敌人无法招架，这是在练拳过程中，长年累月按照"不怕顶破天地顶，不怕蹬塌地地蹬"，练成的功夫；第三，练好心意拳，功力强大，意味着构成人体的每一个细胞都充满能量，因此与人交手，随时可以投入战斗；第四，进攻中肢体动作要伴随风声，说明功力强大，强大的功力为爆发力更加集中创造了条件；第五，内气支配下的拳术达到游刃有余的程度，打击敌人就可以做到随心所欲。

3. 动作必须达到内外三合的要求

心意拳的步法、身法都极具攻击性。比如《手脚法》中说："眼要毒，手要奸，踩住中门裆里躜。"又说："起落二字自分明，膝打几处人不明。"以劈拳为例说明："一阳"用于打击敌人的下颌和心脏，同时膝盖还要冲击膝关节，使敌人从根上失去重心。此刻，意念引内气至膝至肘。这个时候，进攻者的手与足、肘与膝、肩与胯都处在同一条垂直线上，身体既不左右晃动，也不前倾后仰，稳如泰山。

4. 效果必须致敌"非死即伤"

由于心意拳出手便伤人，所以练心意拳的人，互相之间无法比试，也不能比试。戴魁有个哥哥，哥俩跟父亲戴良栋学拳过程中，哥哥调皮捣蛋，戴良栋打了一下，不幸失手致其夭折，这样对戴魁的管教就放松了，这可能是后来戴魁染上抽大烟习性的原因之一。

心意拳是岳家军跟金国侵略者长期战争中锤炼出来的拳术，带有与生俱来战场杀敌的血性。如果没有这种意识，就不能称为武术、不能称为心意拳了。岳飞训练出来的岳家军，个个都是特战队员，传承岳家军拳术既有非常重要的现实意义，又有极为重要的长远意义。

历史上只有崇文尚武的国家，才能真正屹立于世界之林。岳飞的思想，包括军事思想，也包括集中华民族传统文化——儒释道思想精华于一体的心意拳及其拳谱，毫不夸张地说，正是中华民族走向民主自由、伟大复兴的强大思想源泉。

四、练习心意拳的健身作用

宋代是一个经济、文化、科学技术相当发达的时期，中国四大发明，除造纸一项是唐代外传之外，其余三项——火药、指南针制成的罗盘、活字印刷，都是由宋代实际应用后传到欧洲。邓广铭先生说过："两宋期内的物质文明和精神文明所达到的高度，在中国整个封建社会历史时期之内，可以说是空前绝后的。"英国科学家李约瑟在《中国科学技术史》中说："两宋的科技水平相当于英国工业革命的前夕。如果不是蒙古铁骑横扫欧亚大陆，打乱了历史的发展，工业革命本来应该产生于南宋，而不会推迟到几百年后的英国。"

岳飞创立的心意拳，懂得并且应用中华传统文明强身健体的周天法，从人体内根本上提高了士兵的体能和技能，所以才能在平原旷野上击溃金军的主力。如同第二次世界大战，美军为了减少伤亡，向日本投掷了原子弹，迫使日本无条件投降一样（原子弹是从原子核内部发生爆炸，引发巨大能量的释放），周天法也是从人体内部引发巨大潜能的释放，打得金军一败涂地，致其哀叹："撼山易，撼岳家军难！"这是世界战争史上独一无二的奇迹。

心意拳气功是如何引发人体内在潜能的呢？现在已经无从知晓岳飞当时的做法，但是有一点可以肯定，岳飞对人体科学的认识水平相当高，否则，断然不会对奔赴战场的士兵说："只要拿枪拿得稳，能运用自如，心里不战战兢兢，口中有唾液可咽，便称得起勇敢的人了。"这是岳飞战前对战士安抚的贴心话语，也是对岳家军高度自信的体现。

之所以高度自信，一定跟岳家军掌握了运用周天法并且实效显著密切相关；有了内功的军人，无论单兵作战，还是集群作战，都是没有内功的金军不可比拟的，尽管他们仗恃着拐子马、铁浮屠，仍无济于事。

岳家军运用周天法，实效显著，原因何在？原因是多方面的，首先，气功在我国已有近三千年历史。庄子说："人在气中，气在人中，自天地至于万物，无不赖气以生者也。"1979年，从西汉马王堆墓出土的文物中，发现了重要的气功文献《导引图》。东汉中叶，道教产生，一大批功力雄厚的气功家纷纷著书立说，如封衡的《容成养气术》，李修的《道源》，魏伯阳的《周易参同契》等。魏晋南北朝至隋唐，气功得到了进一步发展和提高。到宋朝，气功发展到更高阶段，以至把儒学、道学用于治军就是最好的证明，也是岳飞伟大的创举。

心意拳站桩——蹲猴，其中束尾、舌挺上腭，周天法，摩经磨胫等，可以有效促进人体内气运转，引发巨大潜能的释放。笔者作为一名实修者，拟从现代医学理论的角度，尝试作内气旺盛对神经系统、呼吸系统、消化系统、心血管系统和内分泌系统的良好作用分析。

对神经系统的作用。1999年，笔者在中华世纪坛工程任总工程师的时候，每天工作16小时左右，工作强度很大，血压升至120至180毫米汞柱，通过"摩经磨胫"锻炼，未服任何药物，两周后血压恢复正常。如今我已过古稀之年，仍受聘于一家房地产开发公司任总工程师，这非我本意，而是董事长极力挽留。市建委评标专家库在我临近70岁时，通过考试和考核，仍续聘三年；在总工岗位上，由于建筑、结构、给排水、暖气通风、强电弱电均抓，工作量较大，又要关注新材料、新技术、新设备、新能源等方面的利用，有时比较累。这个时候，打几下五行拳，练十分钟"周天法"，身体立刻轻松并有振奋的感觉。这种实例不胜枚举。人在练功状态和非练功状态，脑电波相差距离很大，美国学者琳内·麦克塔格特在《念力的秘密》一书中，用世界最先进的电子仪器测试已经揭示出其中的奥秘：气功锻炼对人体中枢神经系统有良好的调整效果。

对呼吸系统的作用。气功对增加肺活量作用明显，这是练习"周天法"和"摩经磨胫"前后相比较得出的体会。我在1964—1965年两年时间里，打劈拳、崩拳、躜拳，以至驼形、燕形、马形，都从重功练起。所谓"重功"，就是大运动量的训练，把全身力量都爆发出来。在一块长50米的地段，面对"敌人"，连续发功进攻，嘴里喊出发自丹田的怒吼。拳打一阴还一阳的距离约1.5米，使用时间在一秒内；50米打下来打33手，发生66次"一字令"，喊出66次吼声。每天早晚各练一小时，每一小时有3600次以上的进攻。这种训练强度跟打太极拳完全不同。夏天大汗淋漓，冬季衣衫湿透，家父仍嫌不够，要求我腿上绑上沙袋练习，并告诫我：抗日战争时期，戴魁是这样要求他的。这种大运动量的练习，常常使人呼吸急促，有时伴有"喘"的感觉。1966年，家父传授我"周天法"和"摩经磨胫"，以使小周天和大周天气血更加充实的方法。在了解了其中的科学性和机理后，我有意识地把意念贯彻到"心与意合、意与气合、气与力合"的内三合中，在同样50米长的地段，同样呐喊口号，同样一个小时内向"敌人"发动3600次以上的猛烈进攻，但呼吸变得平稳、自然，急促现象消失了，更没有喘的情况，同时出汗也少了许多。炼气功前后这样两种泾渭分明的变化，说明肺活量增加了，比如原来每小时肺泡通气量为40立方米空气，炼气功后变为50立方米空气或更多。

对消化系统的作用。我在未练拳前，身体较弱，食量不大，练功后，身体强壮起来，饭量大增。1966年，在北京掀起的"抄家遣返"风暴中，我回到老家祁县晓义村劳动。在田间劳动中，午饭吃5个窝头，一罐子疙瘩汤不够；老乡们看我吃得香，问我能不能再吃；老乡们都愿意把他们吃不了的送我，于是我有了"饭桶"的绰号。人的命运难以把握，4个月后，接到朋友来信，告知北京市政府内住满了被遣返回来的人，我便回到北京。那时，我的饭量是一顿吃一斤切面、两根黄瓜、半斤猪头肉，还要把面汤全部喝完。70年代后，我的饭量维持在吃4个馒头、两个菜、一个汤的水平，从来没有消化不良的感受。世界上有100多种化学元素，人体中都含有这些元素，只是含量不同。脑细胞、血细胞、胃细胞、肝细胞元素含量各异。练功可以促进肠胃蠕动，提高唾液、胃液、胆汁的分泌，大大有利于各种营养元素的吸收、转化和利用。

对心血管系统的作用。自高中一年级第二学期开始练拳后，我数理化外文语文各科的成绩齐头并进，在年级中名列前茅。以理科为例，为了迎接考试，需要做大量习题，对做题有了兴趣，做一宿都没有困倦的感觉。我在实验药厂工作期间，身兼两职——维修班长和厂基建办公室副主任（主任是厂长）。这两方面的任务都很艰巨，但我没有"艰巨"的感觉，比如提取车间冷却水大量排入下水道，厂长要求把冷却水收集起来循环使用，于是我设计了冷却水循环使用系统，画图到凌晨4点，第二天照常工作。调到卫生部重点工程——北京针灸骨伤学院基建处工作后，又身兼两职——工程科科长和院建筑队技术队长。两项工作任务繁重，但我没有"繁重"的感觉，还能抽出时间，帮助同学完成他接下来又不能按时完成的建筑设计或结构设计任务。表述这些并不是为了说明我多么能干，而是说明无论是脑力劳动还是体力劳动，都需要消耗氧气，人体中的氧气和二氧化碳都是通过红血球输送，气功锻炼可以增加血液循环量，从而大大提高人体学习、工作中创造价值的能力。

对内分泌系统的作用。人体的内分泌系统包括免疫系统，对人的健康及生命至关重要。内分泌系统由一些腺体组成。内分泌腺有脑垂体、甲状腺、甲状旁腺、肾上腺、性腺、胰岛腺等，其分泌物称为激素，具有神奇的功能，分泌得过多与过少，都会给人带来危害。修炼心意拳的人，除戴魁因特殊历史背景和原因77岁离世外，戴龙邦、戴二闾、戴良栋分别90岁、96岁、81岁离世，家父91岁离世，应该说都属长寿之人。练习心意拳能够有效地调解内分泌功能，还特别表现在性功能的可控方面，在兴奋得即将射精而未射之时，采用"噶、挺、搁、回"的方法炼精化气，炼气化神，炼神补体，使身体不亏损反而更强壮。

上面介绍了心意拳气功对神经、呼吸、消化、心血管和内分泌系统的保健作用。下面介绍练习"周天法"和"摩经磨胫"时，由于唾液分泌较多，对人体至少有五点益处。

（1）唾液中含有淀粉酶，能把食物中的淀粉分解成麦芽糖，在口腔中进入消化过程。

（2）唾液中含有溶菌酶和分泌型免疫蛋白球 A 等抗菌成分，能抑制或消灭一些细菌，使口腔进入消炎状态。

（3）练功时唾液分泌量大，可对口腔中积存的食物残渣进行清理，保持口腔的清洁与卫生。

（4）唾液能清除致癌物所产生的超氧自由基，有抗癌作用。

（5）唾液中含有一种使人保持年轻的"口水腮腺激素"，可使人聪明、齿坚、肌强、延缓衰老。

深入研究，炼气功的益处远不止此。胡孚琛教授说："我花费 30 年光阴调研丹道和禅密修持法诀，著成《丹道法诀十二讲》，目的也是要把丹道从江湖术士手中解救出来，推向学术研究的殿堂，并进一步破解人体修炼之秘，使之为人类造福。"我步胡孚琛后尘，亦愿把心意拳拳义、拳理、拳法奉献出来，让岳飞精神再现，为人类造福。

第十一章

一、原文　龙虎猴马鮀鸡鹞燕猫蛇鹰熊十二形练法

　　龙有叟骨之法，虎有扑食之勇，猴有纵山身法，马有迹蹄之功，鮀有浮水之精，鸡有敌斗之勇，鹞有束翅入林之灵，燕有取水之能，猫有束身竖之能，蛇有拨草之巧，鹰有捉拿之精。鹰劲出于额颅，以高望低属阴。熊有竖顶之力，熊劲落于枕骨，以低望高属阳。束身而起，藏身而落，起而风，落而箭，打倒还嫌迟。起如箭，落如风，追风赶月不放松。论身不可前栽，不可后仰，不可左右歪。往前一直而出，往后一直而落。论步法，寸步快步践步，不可缺。讲脚法，起而蹻，脚落而翻，不蹻不翻以寸为先。肩要催肘，肘要催手，腰要催胯，胯要催膝，膝要催足。

二、解读　龙虎猴马鮀鸡鹞燕猫蛇鹰熊十二形练法

　　戴家拳每一形的攻击部位、使用条件、达到的效果，都十分明确。十二形打法形形熟练，可以速战速决。交战时变化无穷，因人因势因情，灵活运用，更是关键。

　　原版中介绍了虎、鮀、鸡、燕、熊五形的打法；对于介绍比较简单的，本次增订作了补充，以求全面一些。请读者参照阅读。

本次增订，对猴形没有介绍，原因是本拳均式式为猴形，将其加一个手法列为一形，没有意义；虎形和猫形、鹞形和鹰形，极为相似，合并同类项；如是十二形便成为九形；这不是独出心裁而是师父这样传授的。我是怎样学的，如实道出，尽量保证"原态"不失真。

1. 龙形

龙形重点是打击敌人脚腕，意图让其下肢无根。单脚掌擦着地皮直接切去，同时双手半握拳紧贴在一起，从敌人丹田处钻上打击脸部，双脚收缩盘坐同时，双手翻落，从敌人面部沿任脉砸到丹田，接着立刻全身弹起，用另一只脚掌攻击。整个动作一气呵成，起落轻灵流畅。

具体练法：

面对敌人，瞬间右转45°，蹲猴式，左脚在前，右脚在后，双肘夹肋，双手半握拳护在胸前（图102）。突然左脚翻起向前躜落，右脚擦着地皮切向敌人脚腕，同时转腰，正面双手上钻到敌人头部（图103）。接着双手翻落半握的双拳，从敌人脸部打到胸部直砸丹田，同时双腿收缩盘坐（图104）。

图 102

图 103

图 104

盘坐后瞬间弹起，身体左转45°，对称性地重复前面的动作，左右相反。龙形一起一落，直线进行。

2. 虎形

虎形重点是把敌人打倒，立即跟上去，不等他站起，置敌于死地。

具体练法：

蹲猴式，左脚于前，右脚于后，同时左脚上翻，头颅后仰，双肘夹住双肋，手心向上，双手紧贴（图105）。突然发动猛攻，实施一字令技法，两手翻腕，两掌虎口重合，打敌人丹田以上部位（图106）。

尔后，右脚于前，左脚于后，双手上下易位，但紧贴状态不变，重复前面的动作。

图 105

图 106

3. 马形

1923 年戴魁在绥远（现在的呼和浩特）任国民党商震将军的贴身保镖时，跟蒙古拳霸刘二打了一次史称"晋蒙大战"的擂台比武。观看者把擂台围得水泄不通，希望看到他俩大战几十个回合的精彩场面。然而令人没有想到的是，双方在擂台上转了两三分钟，交手仅仅不到一秒，刘二便倒地，三天后驾鹤西归。人们大失所望，不知戴魁使了什么魔术，当时戴师49 岁。从此世人才知道，岳飞创立的心意拳没有失传，戴家仍有人传承。

戴魁在这次擂台赛上，使用的是马形。

马形练法：

马形重点是用滚法、拨法分开敌人双手双肘，采用双拳打击五脏，主要是心区，一击致命。

具体练法：

蹲猴式，左脚在前，右脚在后，双肘护住双肋，双手交叉（图107），施展一字令技术，双手向外划圆滚拨（图108），近在咫尺时，再施一字令技术，双拳爆击敌人心区（图109）。

图 107

图 108

图 109

这个动作称为"拳打一阴还一阳"，结束后，立即变为右脚在前，左脚在后，反对称状态下，继续练习。

4. 鉈形

鉈形重点是用滚、压、挤、将的方式，把敌方进攻来的双臂双手强力压制于腹下，利用敌人反作用力之机，借力用力置敌人于死地。

具体练法：

猴式，左脚在前，右脚跟后，双肘紧护双肋，双前臂在胸前交叉，施展一字令，向敌人打出的双臂或单拳滚压挤将（图110），同时再施展"蹬、顶、奔、直、弓、催、翻"的熟悉技法，变"五行十二形"中的任何一种拳术，打击敌人。图示使用的为"崩"拳，爆冲敌人胸膛（图111）。

图 110　　　　　　　　　　　　　图 111

5. 鸡形

抗日战争时期，一天夜里戴魁从太谷县城返回晓义村，途中碰到一个截道匪徒。戴魁肩扛着一根白蜡杆，前后各挑着一个包袱。匪徒手举拴着红布条的手枪，喝令："把包放下走人！"戴魁靠近匪徒，从容把挑担放下。这正是猴式。刹那间，戴师大吼一声，随声腿起拳落，匪徒死于脚下。戴魁使用的是鸡形。

鸡形主要用膝盖，在内气作用下打击敌人睾丸，同时双手半握拳，从敌人头部向下压打，有一招致命的效果。

具体练法：

蹲猴式，双肘护肋，双前臂胸前交叉，双腿微屈，突然猛抬左腿，左脚掌上翻，左膝高过右膝，右脚五趾抓地（图112）。鸡形练习在本次增订版第四章已有较为详细的介绍，这里不再赘述。

图 112

6. 燕形

燕形主要打击敌人睾丸和五官，双手一上一下同时制敌。

具体练法：

蹲猴式，出左腿，出右手死抓敌人睾丸，出左掌狠击敌人脸部（图113），抓睾丸击五官跟一字令同步。

接下来出右腿，对称性地重复前面的动作，左右相反。

图 113

7. 蛇形

蛇形主要用在对付众多敌人时，本着"擒贼先擒王"的思想，把其他喽啰赶出妨碍进攻的场地，先把敌人主将干掉。运行路线呈"之"字形。

具体练法：

蹲猴式，左腿向左前30°角方向挺出，右腿随后，左前臂带动左手向左前30°角方向滚拨，由手心向下转成手心向上（图114），同时右手腕附在左手腕上贴紧，两腕互为保护。然后出右腿向右前30°角方向迈进，左腿随后，右前臂带动右手向右前30°角方向滚拨，由手心向下滚拨成手心向上（图115）。整个走"之"字形，动作建立在"一字令"基础上，如行云流水。

图 114

图 115

8. 鹰形

鹰形主要攻击敌人五官，利爪抠进双眼、抓紧面颊，置敌于死地而不容有喘息之机。这种进攻完全仿效猛禽抓住猎物时，首先啄瞎双眼，然后啄食。

具体练法：

蹲猴式，左脚上翻，右脚在后，双手于胸前交叉（图116），突然施展"一字令"，用左右中指抠进敌人双眼，其他几指抓住敌人面颊（图117），同时左膝冲击敌人膝盖，使其失去平衡，将敌人按压在裆下。

然后出右腿，对称性地进行练习。

图 116

图 117

9. 熊形

熊形主要攻击敌人上焦（心肺）部位，是一种更为贴身的打法。拳谱《手脚法》中说"头为一拳，肩为一拳，肘为一拳，把为一拳，胯为一拳，尾为一拳，膝为一拳，足为一拳"，说明戴传心意拳具备内气、内功后，身体很多部位都可以对敌人发动攻击。拳术中有"三拳不如一肘，三肘不如一肩"的说法，即用肩冲击心肺区，对敌人杀伤力更大。

具体练法：

近身，刹那跳进敌人中裆，两肘护好肋，两手护住心，靠住敌人（图118），突然施展"一字令"，内气引至左肩肩骨，冲击敌人上焦部位

（图 119）。

图 118　　　　　　　　　　　　图 119

然后，对称性地进行右肩肩骨的练习。

拳术中各形打法都包含阴阳之道。鹰抓猎物，力量来自尖利的鹰嘴，以高打低属阴；熊有挺胸仰脖的劲头，力量源自它的枕骨，以低打高属阳。

以心意拳与敌人博斗中，必须是猴式身形，突然施展"一字令"技法，又必须立即还原成猴形；只有猴形可以储存人体最大能量和发挥出最大潜能；进攻时虎虎生风，回落时快如飞箭，打倒了敌人还嫌速度不快。敌人负隅顽抗，继续进行"迅雷不及掩耳"般的进攻。交战中，身体不可前倾，不可后仰，不可左右歪斜，勇往直前；需要后退时，果断直线后退。讲步法，寸步、快步、践步，缺一不可。讲脚法，翻起脚踝向前蹦，落脚后立即再翻起脚踝向前蹦，连续发动进攻；距离很近，不能使用快步或践步的时候，就必须优先使用寸步了。所有打法必须以内功为基础，内气滚滚而来，肩催肘、肘催手，腰催胯、胯催膝、膝催脚，形成一种无坚不摧的整体战斗风格。

三、三点说明

（1）修炼过十二形，以及以前的五行拳、裹拳、践拳、周天法、摩经磨胫等，再清楚不过地说明：戴传心意拳招招式式都为战场杀敌，唯此为大。欲达目的，必须强身健体，与时俱进，刻苦学习各种知识（数、理、化、文、史、哲），使拳术永葆青春。

（2）在家父跟戴魁学拳的日子里，戴魁除了教拳和讲岳飞故事以外，还讲佛教的"五善十戒"、道教的"修德十益"以及儒家"四书五经"的知识。家父在教我的过程中，同样讲了这些。这些传统文化博大精深，浩如宇宙，对修炼拳术作用极大。

（3）拳序中说："所谓真传者，名虽曰武，其实贵和，和者智勇顺成自然之理也。"这启示戴传心意拳修炼者，练就一手置敌于死地的本领，是求和的根本保证，跟孙子兵法中"不战而屈敌人之兵"的哲理同根同源。

第十二章

一、原文　五行合一法

　　远箭近躜，躜进合膝，沾身纵力。手起如搋搓，落如钩阻。摩经磨胫，心一动浑身俱动。心动似火焰，肝动似飞箭，肺动成雷声，脾肾胁夹功，五行合一处，放胆即成功。起落二字自身平，盖势一字是中身。身似弩弓，拳如药箭。能要差，莫要停。蛰龙未起雷先动，要喝喝也。风吹大树，百摆枝摇。上法须要先上身，手脚齐到才为真。内要提，外要随，起要横，落要顺，打要远，气要催丹田。拳似炮，龙折身，遇敌好似火烧身。起站身平进中间，手起是虎扑，脚去不落空。拳打三节不见形，如见形影不为能。能在一思进，莫在一思存。能在一气先，莫在一气后。起横不见横，落顺不见顺，起不起何用再起，落不落何用再落。低之中望为高，高之中望为低。起落二字于心齐，死中反活，活中反死。明了四梢永不惧，闭住五行永无凶。明了四梢多一精，明了五行多一气，明了三心多一力。三回九转是一势，势怕人间多一精，一精知其万事精。万事只要围了中，身体围他一势要围奇。好字本是无价宝，有钱将往何处找。要知好字路，还往四梢求。讲四梢，舌为肉梢，牙为骨梢，手脚指甲为筋梢，浑身毛孔为血梢。四梢俱齐，五行乱发，血梢发起不凶，牙梢肉梢不知情，筋骨发起不知斤。身体未动可知情，才如灵山大光明。两手出洞入洞紧随身，两手不离心，手脚去快似风，疾上又加疾，打了还嫌迟。天地交合云蔽日月，武艺相斗蔽住五行。三起不见，三进不见，可见也好，不见也好，势占中央最难变化。与人相战，须明三尖，眼尖、手尖、脚尖。踩定中门去打人，如蛇吸食。内提精神，外示安逸，见之如妇，夺之似虎，佈形候气，与神齐往。急若腾兔，追其形，还其影，纵横往来，目不急瞬。大树成材在其主，巧言莫要强出头。架樑闪折不在重，有秤打起千百钧。行其溺色之事，丢去虎狼之威。三思无心自己悔，保住身体现今福。演艺者，思吾之道，依吾之言，永无大害，见其理而自忠。交勇者，莫要思误，思误者，寸步难行。血梢发脚心，发起到天门，再无别疑真豪雄。牙骨肉梢仔细评，评出理来是一通。筋骨一气要以和，天地阴阳凭之气。气之通万物皆通，气之复万物皆复。那见痕迹，那有阻隔，以和为始，以和为终。明天地，知吾人之心意。不知吾之心意，还往四梢行。目中不时轮旋转，行坐不时要用心，耳中不时常报应，语中不时常调和。调和者，何也？万事吉与凶。吾有拢树之心、种苗之意，奈其人心不知！松柏四时青，牡丹虽好，开一时艳盛，松柏常绿，缘何严霜不打？因他根深心实。人心若得人心意，意思之时不回头，可喜孝、悌、忠、信、礼、义、廉耻，再思学义气而自中矣。

二、解读 五行合一法

与敌人交战，距离远采用快步，速度像射箭一样；与敌短兵相接，刹时钻进中裆，呈现猴式，触到敌身，立即施展"一字令"技术，瞬间集中爆发力量，攻击敌人。

打出的拳，对敌人如同进攻的钢锉；回收的拳，如同钳制的铁钩。

交战中，体内竖向的经脉、横向的络脉、内气非常充沛，内功随时待命爆发，意念一动全身每一个细胞都会调动起来。

五行中，心属火，所以心动似火焰；肝属木，所以肝动似飞箭；肺属金，所以肺动似雷声；脾属土、肾属水，所以土、水助战力量更强大。心气、肝气、肺气、脾气、肾气合成一气，大胆进攻，必然成功。

交战中，一起一落始终保持身体平衡，所有姿势总结出一个字就是身体中正。身体像弩弓一样具有弹性，出拳像射出的药箭一样快捷。出拳如果有偏差，不要管它，继续进攻。

在新一轮进攻中，像蛰龙一样未动时雷声先起，进攻时喊声震天，声浪吹得大树，树干摆动，枝杈摇晃。攻击中必须用整体打法，手到脚到才正确；体内要运气，拳脚要跟内气合拍；拳打一阴还一阳，才能致远；内气要催丹田，丹田发动后又促使内气进行更凶猛的进攻。

交战的艺术有时可以这样描述：拳好像炮，又好像龙伏着身躯，遇到敌人如同火烧身体。交手时身体占据有利位置，比如用虎形攻击敌人，腿脚过去不落空，攻击敌人膝盖，使其失去平衡。打敌人上中下三个部位看不见形状，如果看见了就是武艺没有练到位。主动进攻的意识永远要保持旺盛，不能有丝毫松懈；内功的运用能赶在前，不能拖到后。让敌人看不出是起还是落，即起不起，落不落，敌人摸不到规律。

交战中，高低都是相对的。低中望高就是高，高中望低就是低。起落二字受心意的控制，判断正确，被动状态可以变成主动状态；判断失准，主动状态可以变成被动状态。怎样才能够由被动状态变成主动状态、主动状态变得更主动呢？那就必须明四梢、闭五行。正如拳谚所言："明了四梢永不惧，闭住五行永无凶。"

明了四梢多一份精神，明了五行多一份内气，明了三心（平心、脚心、顶心）多一份力量。无论战斗三个回合还是九个回合，始终保持精神抖擞的状态，敌人就怕这种始终如一的精神状态。有了这样的精神状态，打击敌人的一切手段都会奏效。在这种形势下，一切攻防都会使敌人陷入摸不着头脑的糊涂而被动的状态。

胜利战果，有钱是买不来的。通往胜利的道路，必须讲内气、内功的爆发，内气、内功的爆发，反映在四梢上。四梢为：舌为肉梢、牙为骨梢、手脚指甲为筋梢，浑身毛孔为血梢。

四梢都发动起来，是内功在外的表现形式。内气在五脏波涛汹涌地运转，似乎没有规律：血梢失去了凶狠，牙梢肉梢不去配合，筋骨没有了力量。其实不然，意念支配的身体是知情的，此时正是胜利即将到来的时刻，如同神灵调遣，胜利的光明就在前面。

步步为营，一步一步稳扎稳打，消灭敌人。两手护住心区，快打快收紧随身，手脚动作快如风，快上还加快，打了还嫌迟。

天地运转有时云彩遮蔽了太阳和月亮，然而与敌人博斗却必须意念屏蔽住五脏的能量使其内部运行。交手中，多少次起动，多少次攻击，敌人都看不清。看得清也好，看不清也好，身体始终站立在敌人前面双腿中间的位置，这样对胜负起关键作用。还要明确做到三尖：眼尖、手尖、脚尖。踩定敌人中裆进攻，如同蛇吸住食物一样。

身体内部精气神充沛，外表看不出来，好像安逸的样子，又像温文尔雅的淑女，然而出手凶猛得如同老虎。布置交战形势，内气调配运用，像有神灵相助一样。

敌人被打得狗急跳墙，像兔子一样逃窜。追它，如影随形，横窜竖窜，令人目不暇接。

大树成材，使用的是其主干。花言巧语，没有真才实学，就不要逞能。架设桥梁，出现垮塌，不在于重量而在于质量；秤打起千百斤，在于秤是合格产品。为人做事应该低调，要丢掉狐假虎威的恶习。遇事要三思，不用心考虑，将来自己会后悔，保住身体健康就是现在的福气。比武者，思考我说的道理，按我的话处事，永远没有大的危害。交勇者，不要思想出错，思想出错的人，社会上寸步难行。

血梢发脚心，发起到天门，再没有人怀疑你是真正的英雄。因为心意拳中，施展"一字令"，内气从脚心的涌泉穴直达脑顶的百会穴，是内气充盈的表现，说明已经真正有了内功。这样的功力，你仔细思考和评论一下牙骨肉梢的作用，便知道了其中的道理，你就通了。通晓了内气的作用，你会明白，筋和骨内气需要的也是和谐，跟天地阴阳之气和谐一样。什么事情都有气，气和谐了，什么事都和谐；气不通了，什么事都不通。哪里见到气滞的痕迹，哪里有气滞阻隔？都是必须通过炼气功加以消除的，修炼心意拳的人要始终以内气在体内和谐充分运转为目的。

这是天地间的大道理。明白了这个大道理，你就知道了我的心意。如果还不知我的心意，那么必须学习四梢的内涵。眼睛不时地要转动，观察外界事物；行止坐卧要处处小心，以免惹事生非；耳中不时地听消息，分辨消息的真假；说话要不时地调解人与人之间的矛盾，实践和为贵的精神。为什么调和呢？趋吉避凶。

松柏一年四季长青，牡丹虽好，但只是一时鲜艳。松柏常绿，为什么严寒霜冻对它不起作用？因为它根深心实。一个人的主张如果符合大多数人的主张，而且这种主张不随时间变化而改变，那是一件非常可喜的事情，因为这是符合天道和人道的主张，即实践孝、悌、忠、信、礼、义、廉、耻之规，再进一步修炼便到了正气浩然、内气充沛的更高层次了。

三、三点补充

（1）本章中提出与敌博斗时要"喝喝也"，也就是喊口号。在拳谱《内外相见合一家》中有"五音含、养、喝、喉、喝"。这是本拳谱具有深刻科学性的又一体现和证明。

在笔者练拳过程中，曾经问过家父："练拳时能不能不喊口号？"家父说"不行"，并且讲述了三个原因：

第一，五脏六腑间有空腔，从丹田发出的声音，对脏腑有按摩作用，从而保持脏腑健康。

第二，喊口号可以使脏腑间经络中内气更加通顺，或者说声波可以打通经络，从而加大内功功力。

第三，还可以提振士气，威慑敌人。

《黄帝内经》中把"五音"引入医学领域，提出音乐和大宇宙的时空变化、人体的气机升降均有密切关系，形成五音（宫、商、角、徵、羽），与人的五脏（脾、肺、肝、心、肾）及五志（思、忧、怒、喜、恐）的相互对应。

岳飞把五音引入气功修炼，用于岳家军的培训，实在是令人钦佩的创举！拳谱中的"含养喝喉喝"跟"宫商角徵羽"有对应关系。这跟不同地方口音不同有直接关系。

（2）本章中"内提精神，外示安佚，见之如妇，夺之似虎，布形候气，与神齐往"句，源自《吴越春秋·勾践阴谋外传》，说明中国的气功、武术源远流长，至今已有 2500 多年历史。岳飞创立心意拳，是大量吸收前人智慧的结晶。

（3）本文只解读了原文的 42%，未解读部分的原因，是偏离了"五行合一法"的实质技法。有兴趣的读者请参阅原文。

第三篇　附录

附录一

　　程殿卿先生全家福照片，摄于 1958 年 3 月北京"大北照相馆"。右坐者为与戴魁同住一个大院共同研习心意拳 24 年的程殿卿先生，左站者为本书作者，当年读小学三年级。

附录二

乡贤程正午及家族简介

程正午（1875—1948）祖籍晋义后迁居北京，是晋商的优秀人才，他值满清政府内忧外患风雨漂遥的时代背景下自强不息，艰苦创业，经30多年拼搏，打造了辉煌的家业，置良田2百亩，建房舍200间，仅在本村就建起油坊、磨坊、粮店、布店、药店等十余个商号，一跃而成为晓义村首户。正午多年担任晓义村长，为民秉公办事，为民造福的善举至今成为佳话。他与心意拳传人戴魁的一段轶事成为晓义人家喻户晓的典故，1924—1949年戴住正午家24年，期间戴魁也传授拳术于民间，故晓义村也成为远近闻名的武术之乡，戴在程家传授程次子殿卿心意拳绝学并举谱，期间戴魁也传授拳术于民间，直至逝世，戴大程1岁，以兄弟相称，此为正午一大功德。

正午生二子，长子子襄（1901—1987），早年加入中共，曾任榆、太、祁地下党书记，后受极左路线的迫害，晚年才得以平反。

二子殿卿（1909—1998），一生经商，得心意拳真传，并把戴魁口述，整理成拳谱，传于后世。

正午孙子辈共七人，长孙女庆兰（1931—2005）高级教师。长孙庆丰（1937—2002），高工、沈阳铁路局退工。次孙庆林生于1940年，退休于北京一汽车间主任岗位。三孙庆余生于1946年，高工、北京建委专家库专家。曾任世纪坛总工、参与国家大剧院设计，正处级。四孙庆德（1947—2002），曾任太原锅炉厂供销科副科长。二孙女庆梅，生于1950年，从事财务工作，正处级。三孙女庆霞生于1953年，从事财务工作，已退休。

这是 2011 年晓义村重新修缮文物古迹——关帝庙，在"关帝庙"前新建的文化院内有关"村史"展览中的一块展板。文章由山西省祁县县委常委、民史委员会副主任委员董义全撰写。

附录三

这是 2012 年程庆余先生跟晓义村田浚文师傅在"关帝庙"内切磋心意拳拳术时的照片。

附录四

中 华 世 纪 坛

中华世纪坛组委会总工程师工作简介

中华世纪坛工程是国家和北京市的重点工程。该工程在市委市政府、中华世纪坛组委会的直接领导及有关部门大力支持配合下，仅用两年多的时间就完成了从立项、科研、规划、拆迁、报审、设计和施工等按常规需要五六年完成的任务。

程庆余同志是中华世纪坛组委会工程指挥部总工程师。该同志出色地完成了领导交办的任务。在勘察、设计与施工各环节都起着重要作用，这些重大技术问题有：

1. 中华世纪坛工程功能分区及各专业把握。

2. 中华世纪坛 B、C 段地下地铁远期车站预埋承重桩及连续墙施工。

3. 地下建筑物负温下大面积潮湿基底上卷材防水施工。

4. 中华世纪坛 A 段圆形深基础单侧支模设计与施工。

5. 中华世纪坛 A、B、C 三段深基础护坡。

6. 过街桥预应力梁 32.739 米，超长单侧张拉施工。

7. 300 米长青铜甬道制造与安装。

8. 三千多吨重旋转体设计与施工的综合技术。

9. 江泽民题字的毛重一百多吨的整体汉白玉石碑从矿坑的吊装、加工、运输、安装等问题。

10. 世纪大厅壁画石材重量必须由空心墙承担的问题。

11. 中华世纪坛 A 段的高级装饰与管网综合。

12. 中华世纪坛工程智能化处理等等。

程庆余同志组织和领导了许多重大技术问题的论证和决策，1999 年 10 月以后，该同志在高血压（120mm 汞柱/180mm 汞柱）情况下，连续三个月没有休息，常常每天工作十五六小时，组织现场设计施工的会战。经常半夜赶到一线检查工作的落实情况。

该同志出色的敬业精神，饱满的政治热情，严谨的科学工作态度，受到各个方面的肯定和好评。2000 年 1 月 1 日凌晨江泽民主席跟中央政治局全体成员在中华世纪坛跟首都各界庆祝新千年重大活动成功后不久，向程庆余同志颁发了《工程建设奖》和《特别贡献奖》两项奖励。

中华世纪坛工程指挥部
2001 年 7 月 26 日

附录五

天行健　君子以自强不息

—— 记中华世纪坛工程指挥部总工程师程庆余先生

为迎接 21 世纪新千年而兴建的中华世纪坛，如今已经打造成一张促进文化事业发展、增进国际文化交流的北京城市文化名片。仰望辉煌壮丽的世纪坛，我们不能不记起当年世纪坛的倡议者、决策者，不能不记起那些默默无闻甘心奉献的实施者、劳动者，更不能不记起世纪坛建造中殚精竭虑功绩卓然的总工程师程庆余先生。

爱国——坚持向工程和历史负责

众所周知，地处长安街延长线上的中华世纪坛，是 1998 年国家和北京市政府的重点工程。覆盖面广、结构复杂，新技术、新工艺及新材料含量高。但鲜为人知的是，在世纪坛建设过程中，最初的设计方案存在严重不足。

1998 年，第一轮的竞标方案全部被否决。第二轮参与竞标的 5 家单位提出六套方案，经过评选、修改，华通设计所建筑师的设计方案中标。然而，中标单位组建的设计班子却不尽如人意。设计电负荷 1260 千伏安、热负荷换算成冷吨 600。作为总工程师的程庆余先生，计算结果却是 4000~6000 千伏安、热负荷 1100 冷吨，与设计数字相差近一倍。偌大旋转体设计没有考虑雨水排放；没有考虑功能区分；一百多分贝的冷冻机房与演播大厅相邻等。为完善他们的设计，程庆余先生满怀爱国情怀，坚持从实际出发，向工程负责，向历史负责。从建议到劝说，从劝说回到建议，反反复复历尽艰辛。最后，上级领导决定，设计任务转到一家更有实力的单位。

　　但是，他仍不敢懈怠，带领工程部全体技术人员连续 11 次召开了与设计单位的例会，每周一次。几乎每次例会都发生争执，有时甚至是很激烈的争执，把许许多多"错、漏、碰、缺"问题解决在萌芽状态。

　　尤其是关于"中轴线"的争论，更给他留下刻骨铭心的记忆。1999 年春节期间，程庆余先生为设计单位测量报告签字时发现，世纪坛 A、B、C 三段不在一条中轴线上。他心头一震，郑重地在报告单上签署了"三段必须采用一条中轴线定位"的意见，同时阐明其中道理：坛庙文化中轴线左右对称的构图，深刻体现着自然性、秩序性、礼制性、美观性、和谐性及严谨性等不容置疑的法则。

　　两位经办人员频频点头表示理解，然而一周后，两人又找到程庆余先生，说建筑师坚持原来意见，说工程测量采用直角坐标，坛体一段以玉南路为横轴，另两段以长安街为横轴。两条街不平行，所以两条中轴线不能重合。而且，建筑师亲自送来了新的蓝图，强调一定要照图施工。

戴传心意拳秘谱解读

196

程庆余先生一面继续向有关人员解释，说只用长安街做横轴，不要考虑玉南路；一面拨通市勘察设计院电话，与一位测量专家联系取得共识，并安排其与建筑师见面沟通。事后测量专家转告说，建筑师接受了意见。

　　万万没想到，两位经办人员第三次找到程庆余先生时，说建筑师仍坚持采用两条中轴线。程庆余先生为此忍无可忍大动肝火，还骂了娘，终于保证了世纪坛以一条中轴线呈现于世人面前。

　　事过多年，他还耿耿于心。当时，除了考虑到世纪坛是一座纪念性、象征性并具有时代意义的建筑之外，他还想到一个叫"阿扁"的人，正在海峡对岸鼓噪一边一国。"国家兴亡，匹夫有责。"这样重大而敏感的时刻，作为国家形象的建筑物搞成两条中轴线，岂不成了历史罪人！

　　为统一各个工区、各个专业的调度与配合，工程指挥部于1999年10月明确宣布，这座代表国家和人民意气风发迎接新千年的建筑在全世界亮相的任务，由程庆余先生总负责，直接指挥实施。1999年12月10日，庆典活动总指挥直接给他打电话，要求他半小时之内书面签名报告世纪坛能够承载的人数。在精英荟萃、行家如织的世纪坛设计、建设队伍中，跨世纪国家重大庆典活动的领导对程庆余先生的青睐和重视由此可见一斑。

创新——荣获工程建设特别贡献奖

　　世纪坛是唯一一个当时七位政治局常委全部到场考察过的工程。设计标准不断提升，增加了现场管理难度。承担建设任务的歌华集团，一开始就把选择总工程师（技术总负责人）定位在高水平人才上。搞过建设前期、做过设计、组织过施工，既有理论水平又有实践经验的程庆余先生成为最佳人选。

调任世纪坛指挥部总工程师的当天，程庆余先生即组建了总工办公室和工程部，开始务实有效地推进各项工程的开展。次日，即委托权威部门根据红线钉桩、进行地质勘探和地下管道的探测。清楚地了解到通往太平洋彼岸的国际通讯设施、军用电缆和京城西部污水巨型干线均从该地域通过等复杂情况，为下一步工程建设的全面展开打下坚实基础。

作为总工程师，程庆余先生一面坚持按图施工，一面及时发现问题，不断创新，不断采取有力措施进行补救。基础施工中，施工单位两次报上的都是大开挖方案。这样，玉南路要断路，土方量剧增，支模板量翻番，计划中的2004年4月5日封顶的任务就会落空。他坚持要求按小开挖技术，得到方方面面认同，工程顺利进行，成为施工单位重大创新成果。一次巡查工地时发现，过街桥、坛体三面墙与地面之间花岗岩饰面材料对缝错乱，外挂石材大面积施工时操作无序、固件不牢、破坏了防水层，他当即要求施工单位停工纠正。另一次巡查时发现，地下采光井外挂的石材吸光，毛面又不利于清洗，且未得到工程指挥部签字认可，他也当即予以制止。同时，他建议改作白色喷涂，增加了采光井的反光量，又为工程节约了上百万元资金。象征时空永恒的晷针指向太空垂直于圆心，长28米重15吨，连续四次起吊清理底座改变倾角才如愿以偿。吊装时，每次一就位都有人说"就这样吧"，但他毫不松懈，一丝不苟。每次吊装时他都亲临现场，针对施工中的各种障碍和难点，提出新的解决方案，直到晷针准确对准圆心。

世纪坛建筑面积的三分之二在地下，程庆余先生果断决定采用水泥基渗透结晶防水材料 XYPEX（赛柏斯），并采用多道设防、刚柔结合、综合治理及改进地下建筑负温下大面积潮湿基底卷材防水等工艺，降低施工成本，取得不怕砸、不怕碰、不老化、抗腐蚀、无公害、耐高低温的极佳效果。他的相关应用技术论文，发表在 2000 年第二期《中国市政工程》杂志上得以广泛推广。圆形壁画大厅内墙张挂的石材浮雕净高 5 米，沿墙高方向每米增加重量 1.25 吨。原设计楼板，根本无法承担这样大的负荷。墙体又是陶粒空心砖，亦无法承受这样大的负荷。于是，他对墙体进行了加固设计，对承载石雕进行了结构设计，巧妙地解决了这个问题。

在市政府坚强领导及有关部门大力支持下，世纪坛仅用两年多的时间便完成了从立项、可行性研究、规划、拆迁、设计和施工等按常规需要五六年才能完成的工作，保证了世纪之交的不眠之夜，中央政治局全体领导成员与首都各界庆祝新千年活动如期进行。鉴于程庆余先生在整体施工建设中的重要作用，中华世纪坛工程指挥部授予其《工程建设奖》和《特别贡献奖》。

包容——为日晷运行促成强强联手

世纪坛设计闪烁古老的"天人合一"哲学思想。静止底座为坤，即"地势坤"；可转的日晷斜面为乾，即"天行健"。日晷的旋转代表日月星辰的永恒运行，是世纪坛的重要组成部分，隐喻中华民族的努力向上、自强不息。但是，3200 吨钢结构大偏心平稳转动，在国内外没有先例，是工程技术的重点、难点，也是世纪坛工程的灵魂和精华所在。

参与竞争的航空部 303 设计所提出"水浮"方案，即把直径 47 米的旋转体浮置在一个直径更大的水容器中，再进行驱动控制。程庆余先生几经斟酌，认为浮筒水箱占地空间太大，筒箱内钢板防腐防锈无法解决，全坛整体稳定性、抗震性不能保证，他便当面予以否决。随后该所联合一家机床厂再次提出"大齿轮"方案，他考虑到如此巨大齿轮的工作母机无法解决，小机型拼凑制造则影响精确度，他再次选择了否决。

当时市领导意见，若没有把握旋转，这个创意可以放弃。充分理解领导的善意和无奈，程庆余先生坚定地表示，创意一定保留，日晷一定旋转！

他认真研究了参与竞争的辰远公司的设计方案，即在道轨上承托旋转体，道轨下面布置支撑轮和驱动轮。他认为，如果把辰远方案反向理解，等同于火车在铁轨上运行。辰远公司是专业制造安装旋转餐厅的企业，北京首家旋转餐厅——兆龙饭店就是他们的处女作。然而，具有雄厚的技术实力，特别是在机电加工和控制领域独占鳌头的却是 303 所。从包容理念出发，他开始设想，把两家单位组成联合体，共同完成这项刻不容缓的历史性任务。然而，当时两家公司都对自己的设计方案信心满满，如同拳王争霸战的两位顶级选手，面对熠熠发光的金腰带，无论如何不会轻言放弃。于是，他又萌生了双方开"技术恳谈会"的想法。他多次找到辰远公司总经理"恳谈"，希望其以宽广的胸怀、开放的心态，在"恳谈会"上拿出他们的核心技术。令人兴奋的是，年近古稀的总经理表现出很高的姿态："世纪坛是民族复兴的象征，作为炎黄子孙，我们有责任、有义务拿出关键技术，让日晷旋转起来！"

恳谈会达到了预期目的，303 所抽调了一批精兵良将，转变设计方向，很快拿出了日晷平稳转动的最佳设计和施工方案。

施工过程中，旋转日晷下钢筋混凝土矩形梁出现弯曲，弯曲到一定程度必然倒塌。市政府主管领导及有关方面负责人齐聚工地召开紧急会议，分析原因，清查责任。被点名的设计单位、施工企业的发言和解释不到位、不准确，监理公司的专家也顾虑重重答非所问，遭到市领导的严厉批评。此刻程庆余先生胸怀包容之情主动发言，肯定了建筑、结构、排水、暖通、电气各个专业系统的努力，也客观分析了有关方面应予承担的责任，提出了明确的处理办法。领导褪去了满脸愠色，会议气氛得到缓和。此后，这位市领导每次见到程庆余先生，都要微笑着走过来给他一个亲切的拥抱。

上下齐心，各方协力，终于使这个大直径、大重量、低速度、偏重心的斜面圆柱体实现了平稳转动、可靠运行。日晷旋转技术达到了国际领先水平，荣获《北京市科学技术进步奖》和国家建设部"鲁班奖"。

厚德——人生路上不懈攀登

祖居山西的程氏一族进京，很有些传奇色彩。原来，程庆余先生的祖父是当地一位德高望重的晋商，伯父 1931 年在太原读书时参加共产党，抗战时任榆太祁地区书记，他家是晋中地区最大的地下党联络站。解放战争期间，阎锡山特警队通缉、抓捕不到伯父，就几次把年逾古稀的爷爷送进了监狱。

1947 年，地下党组织第三次营救出爷爷，安排他全家从太原机场乘美国人开的螺旋桨飞机来到北平南苑机场。先坐"大鼻子"汽车到北平饭店，又被伯父雇马车送到崇文门外的打磨厂。那年，程庆余先生刚满 1 岁。

程庆余随着新中国建立和发展的脚步逐渐长大成人。他毕业于鼓楼边的北京一中，高中一年级时他获得"三好学生"和"优良奖章"。参加了二年级的数学比赛取得了名次，得到学校的表彰，并被送到北京市中学数学小组聆听华罗庚、闵嗣鹤、范鸿斌等数学家的讲座。高二时他的学习成绩更好，老师们都称他是北大、清华的胚子。不料，继踵而来的"文革"风暴使他失去了升学的机会，三年插队生活更使他体会到人生道路的艰难。

然而，崇尚厚德进取的家世渊源、"做无愧于先人的后代和无愧于后代的先人"的中学校训和古都北京德泽育人、弘扬奉献的城市品格，使他没有随波逐流。他刚刚在中国中医科学研究院参加工作时，正值北京在万里副市长主持下搞燃煤锅炉的消烟除尘。他全身心地投入了本单位燃煤锅炉"不冒烟"的试制工作，如饥似渴地聆听清华大学热能系陈星照教授的技术讲座，阅读《锅炉的设计与安装》《供热学》《供热与通风》《空气调节》等专业书籍，努力学习电、气焊技术，积极地参加配制管道、锅炉安装等劳动。吊装时不慎砸断右手的两个指头，骨折三个月期间，他仍坚持到图书馆阅读有关书籍。还辗转求教于清华大学暖通系主任吴增菲教授，刻苦钻研《传热学》，提高了暖通专业知识水平。锅炉终于试制成功，即后来定型的《往复推动式炉排》。

"文革"中，中医科学研究院和北京中医学院合并，原来的制剂室扩大为实验药厂。程庆余担任了基建办公室负责人兼维修班长。利用业余时间，他到东城区技术交流站学习了三年《机械设计》，风雨无阻，含辛茹苦。这个阶段，他独立设计并实施了提取车间、粉碎车间、蜜丸车间、灌封车间、动力车间、水质处理车间、大型冷库、酒精回收塔、全厂冷却水回收利用、全厂室外管网综合等土木工程和设备安装，还调试改造了德国全自动灌封生产线，即后来影响全国的"清开灵"生产线。

改革开放之后，他以优异成绩毕业于北京市总工会职工大学的"工业与民用建筑专业"。1985年卫生部重点工程——北京针灸骨伤学院及附属医院破土动工，他调任学院基建处工程科长兼工程队技术队长。他对学院、医院建设施工图的设计提出上百条问题，令设计院总建筑师惊叹"遇到了后起之秀"。十年中他兼职的建筑队完成了锅炉房、汽车库、培训部、后勤楼、职工宿舍等四十四项工程的设计与施工，他个人历年都被评为基建战线先进生产者。北京中医学院和北京针灸骨伤医院合并后于2006年庆祝建院50周年时，考虑到他为单位做出的贡献，向他颁发了一块钛铜合金制的奖牌，奖牌上镌刻着"感谢程庆余同志为北京针灸骨伤学院的建设和发展做出的贡献"。

针对工程建设中"高楼立起来、干部倒下去"的现状，程庆余先生有着清醒的认识。他1982年接任的基建办主任，前任就是因为收取了包工队一包大米犯了错误。刚刚到职时，他拒绝了一个包工头送的摩托车，退还了送到家里的三千元钱。后来那个包工头在别处犯案被逮捕，供出了所有的受贿对象。此后，在基建工作半生的程庆余先生一直十分警惕和小心，针对社会普遍存在的辛苦费、信息费、劳务费、好处费、纪念费等，凡属他全权负责的部门都要专门制定《回款问题处理办法》。按照"公开透明"的原则，建立汇报、登记等制度，规范工程中各种活动，收到良好效果。

程庆余先生以自己的实际行动努力践行了北京精神，也从深邃博大的北京精神中获益良多。近三年的中华世纪坛建设过程，成为程庆余先生人生旅途中浓墨重彩的一笔。世纪坛意喻的"天行健，君子以自强不息"的人文品质，已经渗透到他的身心和灵魂中，成为他念念不忘的座右铭。退休后的程庆余先生，作为高级工程师，仍然活跃在工程建设的第一线。同时，他还坚持到老年大学进修深造，进一步提高自己的文化素质和水平，继续着他勇于攀登的梦想和不懈追求的脚步。

【刊载于 2012 年第一期《东城文苑》和 2010—2012 年《文化东城》，此文亦在 2012 年《时代中国》杂志第六期转载】

作者 高锋霜 北京作家协会会员

附录六

《时代中国》杂志总编王平华专访《戴氏心意拳秘谱解读》一书作者程庆余先生实录

问：从北京人民体育出版社获悉，一部尘封了近百年的心意拳秘谱，由您解读后不久将问世，情况属实吗？

答：情况属实。这部书是列为人民体育出版社 2013 年出版计划的。

问：心意拳是我国著名三大内家拳（太极、形意、八卦）中形意拳的前代拳法，是这样吗？

答：是。形意拳、大成拳都由心意拳演变而来，武术界公认。

问：我们了解到，您是学理工科的，也长期从事理工专业工作，不是武术圈子里的人；退休后依然任总工之职，还在北京市建委专家库、住建部专家组任职；工作如此忙碌，怎么能想到出版一部武术方面的书呢？

答：历史责任感吧。简单说有六个原因促使我一定要把拳谱公之于世。

一，戴家拳不外传。有研究者认为戴家拳第四代戴魁一生的历史都是空白。公开这些史料，这些谜团就解开了。

二，这部拳谱是戴魁口述，家父 1924—1928 年五年时间里边学拳边整理陆续写成。戴师由我祖父请到家中，跟祖父、家父共同生活了 24 年。戴师（1874—1951）进住我家时已经 50 岁，作为职业镖师，对拳术的理解更加成熟、技艺更加精湛。我 1964 年读高中一年级时，开始跟家父学拳，至今年近七旬。故早日把这份文化遗产献出，以免再被历史长河湮没。

三，我 2011 年开始关注心意拳现状，深感纠结和痛心，因为其中的泡沫太严重了。作为一个尊重历史的人、一个尊重先贤的人、一个尊重科学的人，说出事实真相，义不容辞。

四，心意拳科学内涵十分丰富，符合中医学原理、经络学原理、物理力学原理等，这方面现有的材料和阐述都非常不够。

五，这本拳谱明确心意拳源自岳飞，这就使心意拳"相传"来自岳飞，变成有史料实物为证。

六，学习这本拳谱，可以进一步了解民族英雄岳飞崇高的爱国主义精神、深厚的国学底蕴和战无不胜的军事思想与才能，有永恒的现实意义和历史意义。

这些就是出版这本拳谱的初衷。

问：既然戴家拳不外传，如何传给了您父亲呢？

答：这件事说来话长。我在《前言》中提出了戴家拳不外传的五个原因和传给家父的五个原因，这里不再赘述了。

问：说心意拳科学内涵十分丰富，现有的相关材料阐述得非常不够，能进一步说明吗？

答：五十多年来，我一直阅读武术方面的书刊，也常常到练武人群集中的公园了解，几乎没有人从量子力学的深度来分析拳理。比如，人是一座"发电站"，带有不断产生的生物电流。人体在练功状态下的脑电波，科学家用"脑电波放大器"测得是 25~70 兆赫，而在不练功状态下且清醒时是 13~40 赫兹，也就是说练功状态下是非练功状态的 10 万倍！所有活的人体组织都带电荷。这些电荷在人体的三维空间，会引起一个以光速行进的电磁场。人的意念具有能量。这就不难理解，心意拳提出的内三合——心与意合、意与气合、气与力合，符合量子力学理论。你不得不佩服先贤的智慧！用现代科技理论研究前人的拳术，使之发扬光大，造福社会，要做的事太多了。

问：岳飞（1103—1142）主要生活在南宋初年，戴家拳的鼻祖戴龙邦（1713—1802）生活在清代，相差 600 至 700 年，隔着金、元、明数代，这如何认定戴氏心意拳来自岳飞呢？

答：这个问题提得很好，很尖锐。的确，科学要求严谨，要求证据。但是，漫长的农耕时代，经济、生产、技术都不能跟今天相比，不能苛求于古人。然而我们却可以综合多种因素进行分析得出结论。肯定心意拳传自岳飞，除了拳谱指出来自"岳武穆王拳谱"外，还有两方面可以佐证。

第一方面是通过岳飞的讲话或诗词表达的意义跟拳术的内涵进行比较。例如，1127 年岳飞跟抗金名将宗泽的对话。宗泽把一份兵书《阵图》交给岳飞，希望照图指挥作战，岳飞看后不同意宗泽意见，宗泽质问："难道阵法不足用吗？"岳飞回答："阵而后战，兵之常法，然势有不拘者。且运用之妙，存乎一心，望留守再考虑一下。""运用之妙，存乎一心"的思想原则是心意拳招招式式的核心。再如《满江红》开头"怒发冲冠"，与拳谱中要求格斗中务必"惊四梢"完全一致，"惊四梢"是发欲冲冠、指欲透骨、牙欲断筋、舌欲摧齿，意念一动，四梢俱动，如猛虎之怒，蛟龙之惊。这种内在状态的高度统一证明：岳家拳就是戴家拳，戴家拳就是岳家拳。

第二方面，从战争实例考察，为什么岳家军打了 100 多次战役从无败绩呢？为什么岳家军善于以少胜多呢？为什么岳家军可用步兵打败号称"拐子马""铁浮屠"的骑兵呢？又为什么敌方主将兀术喊出"撼山易，撼岳家军难"呢？为什么戴家成立的镖局史称"华北第一镖"呢？为什么社会上广为流传"太极十年不出门，心意一年打死人"呢？为什么形意拳宗师李洛能在戴家不收其为徒的情况下甘愿为戴家供奉三年蔬菜呢？又为什么戴魁在1923年绥远比武擂台赛上瞬间打倒当地拳王刘二呢？

这诸多"为什么"背后，都有传奇的故事。这传奇故事的背后，都说明一个问题：岳家拳强大的战斗力跟戴家拳高度一致，它们之间有相同的密码。

问：现在是信息化战争时代，冷兵器时代已经一去不复返了。现在练习武术，大多为了健身，您怎么说学习这个拳谱有永恒的现实意义和历史意义呢？

答：这要从战略高度、战术高度、做人处事的思想方法、道德修养、专业技巧等全方位地理解，你才能明白为什么心意拳有永恒的现实意义和历史意义。

举例说明。心意拳广义上说，首先讲究"心法"的学习，那个时代主要学习四书（《论语》《孟子》《大学》《中庸》）五经（《诗经》《尚书》《礼记》《周易》《春秋》）六艺（礼、乐、射、御、书、数）等，可以说涵盖了全部社会科学和自然科学的知识；狭义上说，练功必须掌握内功和克敌制胜的精湛技艺，怎样才能做到这一点呢？拳谱中给出了具体练习方法，其中"惊四梢，动五行"等技法本质上就是信息战——准确的信息、强大的内功、巨大的能量和精湛技艺的统一。

引申到现代战争也是如此。维护祖国的海洋权益，天上有卫星，空间有网络，地面有基站，终端有屏幕——如同"惊四梢"；天基、空基、陆基、移动基和海基的精确制导炸弹，瞬间打向目标——如同"动五行";跟岳家军一样的战略战术思想，跟心意拳一样的整体战法，必胜无疑！只要把我们自己的"功"练好就无敌于天下。

有些书可以浅读，有些书需要深读，有些书必须终生去读，这本书是需要终生深读的。

后　记

　　出版这部书，我有如释重负之感。1964 年上高中时开始学习心意拳，我感觉它符合虎克定律和牛顿力学三定律；练习周天法，感觉它符合经络学原理；它的战略、战术思想即所谓心法、步法、身法、手法，既符合《易经》三原则，又跟《孙子兵法》有天然的默契。农耕时代先贤的科学思想在今天的信息时代仍然闪烁着智慧的光辉。

　　感谢北京中医大学校长、教授、博士生导师，全国政协第九、第十届委员，中国医学气功学会会长和秘书长龙致贤先生，以及岳飞第 29 世孙、中国遗产文化保护研究院岳飞文化研究中心主任岳一峰先生，在看过这本书后，欣然为之题字、写序与贺词。